DIÁLOGOS EM DIDÁTICA
Tecendo histórias sobre o ensinar e o aprender

DIÁLOGOS EM DIDÁTICA
Tecendo histórias sobre o ensinar e o aprender

Organizadores
Claudio Romualdo
Marcio Tadeu Girotti
Poliana Bruno Zuin

DIREÇÃO EDITORIAL:	Marlos Aurélio
CONSELHO EDITORIAL:	Avelino Grassi Fábio E. R. Silva Márcio Fabri dos Anjos Mauro Vilela
COPIDESQUE:	Leo Agapejev de Andrade
REVISÃO:	Ana Rosa Barbosa
DIAGRAMAÇÃO:	Tatiana Alleoni Crivellari
CAPA:	Reginaldo Barcellos

© Ideias & Letras, 2016
1ª impressão

EDITORA
IDEIAS&
LETRAS

Rua Tanabi, 56 – Água Branca
Cep: 05002-010 – São Paulo/SP
(11) 3675-1319 (11) 3862-4831
Televendas: 0800 777 6004
vendas@ideiaseletras.com.br
www.ideiaseletras.com.br

Dados Internacionais de Catalogação na Publicação (CIP)
(Câmara Brasileira do Livro, SP, Brasil)

Diálogos em didática: tecendo histórias sobre o ensinar e o aprender / Claudio Romualdo,
Márcio Tadeu Girotti, Poliana Bruno Zuin [organizadores].
São Paulo: Ideias & Letras, 2016.

Bibliografia
ISBN 978-85-5580-003-0

1. Aprendizagem - Metodologia 2. Cidadania 3. Educação - Finalidades e objetivos
4. Ensino - Metodologia 5. Inovações educacionais
6. Pedagogia 7. Professores - Formação
I. Romualdo, Claudio. II. Girotti, Marcio Tadeu. III. Zuin, Poliana Bruno.

154-09121   CDD-370.78

Índice para catálogo sistemático:
1. Diálogos em didática: Metodologia na pesquisa em educação   370.78

Agradecemos à Editora Ideias & Letras por todos os autores que contribuíram para a materialização do compartilhamento de experiências e possibilidades de engrandecer a prática docente.

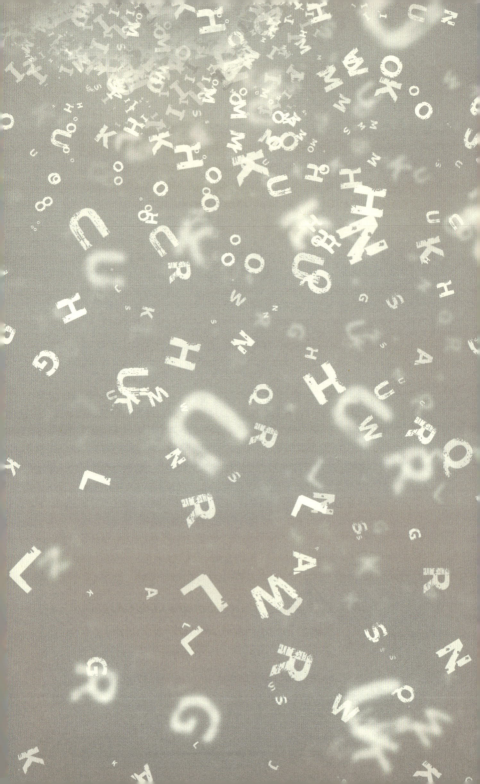

SUMÁRIO

Prefácio 9

Capítulo I. Didática: um olhar dialógico para as relações que
se configuram no processo de ensinar e aprender 11

Poliana Bruno Zuin (Fatece) Luís Fernando Soares Zuin (USP)

Capítulo II. Formação inicial: escritos carnavalizados 23

Laura Noemi Chaluh (Unesp)

Capítulo III. Em defesa da didática intercultural:
apontamentos sobre um marco de referência 43

Emília Freitas de Lima (UFSCar)

Capítulo IV. A resolução de problemas e suas implicações
para o ensino de matemática 61

Julyette Priscila Redling (Fatece)

Capítulo V. A literatura infantil e a criança no contexto
da alfabetização e do letramento 83

Maria Iolanda Monteiro (UFSCar)

Capítulo VI. Operacionalização dos processos formativos
nas práticas de bem-estar animal para vaqueiros
em fazendas de gado de corte 103

Luís Fernando Soares Zuin (USP) Poliana Bruno Zuin (Fatece)
Mateus J. R. Paranhos da Costa (Unesp)

Capítulo VII. Prevenção da dengue como estratégia
educativa no contexto escolar 127

Vivian Bonani de Souza Girotti (Fatece)

Capítulo VIII. A contribuição da ciência política na formação
democrática do oficial das Forças Armadas 145

Humberto Lourenção (Fatece)

Capítulo IX. A didática da teoria dos quatro pilares da educação
de Jacques Delors: experiências vividas 157

Claudio Romualdo (Metropolitana/Fatece)

Referências 177

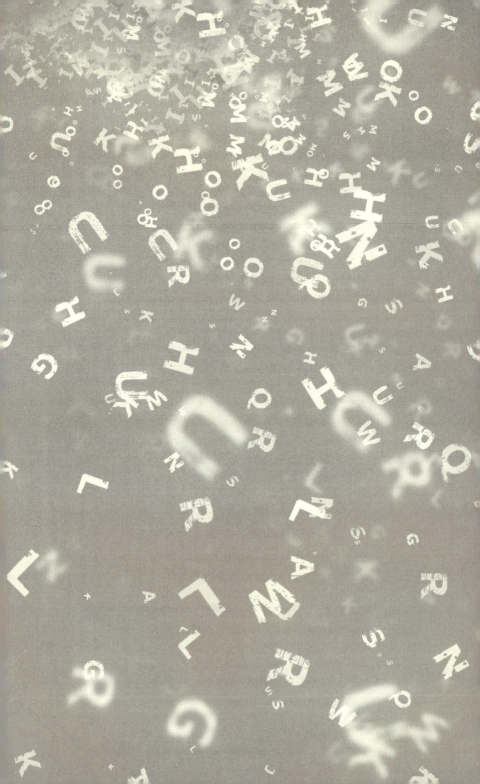

PREFÁCIO

A ideia desta obra surgiu há alguns anos. Pensávamos em objetivar materialmente alguns pensamentos e reflexões advindos de nossos diálogos acerca da atividade docente em diferentes contextos da relação existente entre o ensinar e o aprender. Dúvidas a respeito da postura do professor, de metodologias adequadas a cada contexto educativo e, por sua vez, de cada turma, assim como teorias que pensassem em um homem como um ser que se constitui em meio à dialogia, passaram a fazer parte de nosso cotidiano, e nos levaram a ter muitas experiências práticas e científicas relativas à área da Didática.

Fomos nos modificando como sujeitos, como profissionais e, principalmente, como professores. Tornamo-nos professores que, por meio da escuta da palavra alheia, procuravam propiciar uma aprendizagem significativa em busca de tantos sentidos individualizados que existem em uma sala de aula, cuja multiplicidade e diferenças abrem espaço ao diálogo, ao embate de ideias e, consequentemente, à modificação do ser humano.

Queríamos, por meio desta obra, proporcionar aos professores e profissionais das diferentes áreas do conhecimento a leitura da palavra, a fim de que essa pudesse de alguma forma modificar as relações que circunscrevem ao ato de ensinar e aprender. Pensar e propor novas formas de relações nas diferentes áreas do conhecimento, nos diferentes espaços pedagógicos é o dever de quem, como educador, insere-se no mundo de quem busca relações que sejam responsivas, de quem sabe que todo ato educativo é responsável. Nesse sentido, contamos com as experiências de professores e pesquisadores que atuam no ensino superior em diferentes áreas do conhecimento e que vêm, de alguma forma, tentando modificar as relações dos espaços de ensino formais ou não formais. Esperamos que as palavras que percorrem essas páginas reverberem em outros contextos para que tenhamos uma formação mais humana, justa e igualitária em busca do "ser mais".

Poliana Bruno Zuin
e Luís Fernando Soares Zuin

Capítulo I.

Didática: um olhar dialógico para as relações que se configuram no processo de ensinar e aprender

POLIANA BRUNO ZUIN*
LUÍS FERNANDO SOARES ZUIN**

A Didática como área específica do conhecimento ultrapassa a reflexão do processo de ensinar, uma vez que, sob a perspectiva bakhtiniana, as relações se configuram a partir do outro, fato que nos leva a considerar a interação que se estabelece entre o ensinar e o aprender. Parte-se do pressuposto de que, se pensamos como se definem os processos de ensinar, é porque temos um sujeito que aprende: portanto, propor caminhos metodológicos para esse processo é o objetivo deste capítulo.

A disciplina Didática é vista por muitos alunos dos cursos de formação inicial como uma disciplina que lhes fornecerá uma receita de como ensinar. É comum esse tipo de resposta quando se pergunta quais são as expectativas que os alunos de graduação de diferentes áreas do conhecimento possuem em relação a essa disciplina. Todavia, essa ilusão é quebrada quando as discussões se iniciam junto às vivências e experiências nas salas de aula, seja nos estágios curriculares ou mesmo como docentes.

* Universidade Federal de São Carlos (UFSCar); Capes.
** Faculdade de Zootecnia e Engenharia de Alimentos da Universidade de São Paulo (FZEA-USP).

A Didática pode ser constituída assim como uma disciplina que visa pensar e repensar as práticas educacionais sem se limitar aos "muros da escola", mas visando à sociedade como um todo, e por isso é necessário pensá-la em diferentes contextos educativos. Diante dessa premissa, as discussões na área da Didática desde a década de 1980 incorporam as relações entre o ensinar e o aprender, vendo esse campo do conhecimento além do processo de ensinar e os instrumentos necessários para a sua eficácia. Aliás, vale ressaltar que a década de 1980 é tida como um marco nas práticas educativas, seja pela abertura política, seja pela chegada de diferentes referenciais teóricos, sobretudo da psicologia, o que eclodiu em discussões fervorosas sobre os processos de ensinar e aprender na academia em diferentes áreas do conhecimento, inclusive na área da Didática, como aponta Candau (2005). Segundo a autora, teríamos dois encaminhamentos relacionados à didática instrumental e a Paulo Freire fundamental. A primeira, apoiada no método cartesiano e positivista de se pensar a ciência e as relações que dela decorrem, definindo-se como uma visão mecanicista, fragmentada e especialista do fazer docente. A outra, defendida pela autora, seria a didática fundamental apoiada em uma perspectiva materialista histórica e dialética, cujas relações são vistas a partir do todo, isto é, do todo em relação à parte e vice-versa. Nessa perspectiva teórica, as coisas estão em constante movimento, em um processo de devir, ligadas a um contexto histórico; portanto, as relações são distintas, não podendo o professor exercer a mesma prática em todos os contextos. A didática, nessa abordagem, é muito mais que um conjunto de conhecimentos técnicos sobre o "como fazer" pedagógico, implicando considerar: o contexto histórico e social dos sujeitos envolvidos na ação pedagógica, a relação do processo de ensino-aprendizagem, a formação de professores, o papel da educação na sociedade, as diferentes abordagens metodológicas, a experiência concreta, e a relação entre teoria e prática. Muitas são as abordagens teóricas das relações de ensino e aprendizagem e que perpassam todas essas questões. De acordo com Mizukami (1986), há pelo menos cinco abordagens que caracterizam as práticas de ensino, sendo elas: o ensino tradicional, a abordagem comportamentalista, a teoria humanista, a concepção cognitivista e, por fim, a teoria sociocultural. Conforme a autora em questão, essas diferentes abordagens possuem maneiras distintas de se conceber o homem, o mundo, a sociedade, a cultura, o conhecimento, a educação, a escola, a relação de ensino e aprendizagem, a relação entre professor e aluno, bem como uma metodologia e formas diferenciadas de se conceber a avaliação.

De forma geral, essas abordagens se constituem como base teórico-metodológica para as práticas pedagógicas e os modelos educacionais, estando elas diretamente relacionadas aos estudos advindos de outras áreas, sobretudo das áreas de Psicologia, Filosofia e Sociologia. Destarte, não é difícil conjecturar quais os modelos educacionais que imperam nas instituições de ensino superior, assim como em toda a educação básica. Fundamentalmente, os modelos de ensino que ocorrem nas salas de aulas se circunscrevem ao ensino tradicional e tecnicista, sendo poucas as práticas de ensino que se embasam numa outra maneira de se conceber o processo de ensino-aprendizagem.

Entretanto, estatisticamente é mais fácil encontrarmos práticas de ensino diferenciadas na educação infantil e no ensino fundamental – principalmente do primeiro ao quinto ano – do que iniciativas nos centros de ensino de educação superior. Tal fato pode ser respondido a partir da incongruência entre os pressupostos do que é a instituição de ensino superior (ensino, pesquisa e extensão) e que tipo de profissional ela pretende formar.

Essa leitura da instituição superior nos leva àquilo que já nos é sabido: as faculdades de ensino superior, principalmente a maioria das instituições privadas, não conseguem estabelecer uma tríade entre *ensino-pesquisa-extensão*, ficando condicionadas unicamente ao ensino. Oriundas de um processo histórico recente, no que diz respeito também a como se fazer pesquisa, essas faculdades e instituições não conseguem adequar inclusive seu ensino às mudanças sociais e, por conseguinte, formar um profissional de acordo com as necessidades do mercado que a sociedade exige, porque os modelos educacionais continuam sendo o tradicional e o tecnicista. Portanto, o conhecimento continua sendo transferido aos alunos de forma acrítica e fragmentada, vindo das mãos dos professores. Os conteúdos se apresentam como técnicas dissociadas da teoria, e essa se apresenta desvinculada da prática. Nessa prática de ensino, o professor não é um educador, mas sim aquele que ensina. E o aluno, na sua condição de sujeito passivo, é aquele em que vão sendo depositados conhecimentos superficiais, pois não há um aprofundamento e uma curiosidade do aluno nas temáticas e nos conteúdos apresentados pelo professor.

Dessa maneira, como fazer para que o educando, futuro profissional, atenda às necessidades do mercado de trabalho, isto é, que tenha curiosidade e conhecimentos globais e necessários para resolver problemas que ocorrem no dia a dia?

Primeiramente, faz-se necessário compreender o que significa a tríade *ensino-pesquisa-extensão*, a relação entre instituição de ensino superior e sociedade, para enfim compreender e modificar as práticas de ensino no sentido do tipo de sujeito que se pretende formar. A formação universitária é uma das exigências que a sociedade impôs ao profissional das diferentes áreas do conhecimento. Segundo Cunha (1997), com essa exigência recaem sobre a universidade muitas expectativas, como formação com qualidade e resolução de problemas sociais por meio das atividades de pesquisa e extensão. Contudo, essas atividades se encontram distantes umas das outras desde os seus pressupostos até as suas práticas efetivas, pois a compreensão de ensino, no modelo tradicional, é concebida como produto, cujas respostas estão prontas, sendo o professor o transmissor desses saberes, devendo ser aquele que tudo sabe.

Com relação à pesquisa, esta é engendrada de maneira oposta à prática de ensino. Na pesquisa não se trabalha com respostas prontas, mas com a dúvida, incerteza, com o provisório. Portanto, para haver uma junção entre ensino e pesquisa é necessário rever e reverter a lógica do ensino tradicional e transformá-lo sob a óptica da pesquisa. De acordo com Cunha (1997, p. 83), a organização tradicional dos currículos não toma a dúvida como pressuposto dos processos de aprendizagem: "O conhecimento é organizado do geral para o particular, do básico para o profissionalizante, do teórico para o prático, com o estágio no final dos cursos". Diante do exposto, a abordagem tradicional, na qual está alicerçado o ensino das instituições de nível superior, não cultiva uma prática de ensino voltada para a pesquisa. Ao contrário, a qualidade do ensino está diretamente relacionada ao número de aulas dadas e assistidas, não sobrando tempo para o aluno ir à biblioteca para pesquisar, observar, catalogar, classificar e muito menos para questionar e perguntar.

Outro problema decorrente das práticas de ensino dentro das universidades, como relata a autora, condiz com a relação entre teoria e prática. Há um distanciamento muito grande entre esses dois conhecimentos. Esse distanciamento ocorre, contudo, desde a educação básica, cujos alunos começam a serem condicionados à passividade, ao não questionamento e não reflexão, sobretudo, condicionados à alienação a respeito do seu papel de sujeito ativo e transformador das relações sociais – portanto, para que seja possível haver uma prática de ensino que se relacione à pesquisa é necessário que haja também a interação entre teoria e prática, que se ensine os educandos a pensarem sobre a prática, refletirem sobre ela, com a finalidade de se levar à práxis. Nesse sentido, é premente acabar com a ideia de que toda teoria se aplica à prática e que esta possui uma valoração menor em relação à teoria. É necessário refletir e pensar que as teorias são criadas a partir de situações práticas do cotidiano e que, num movimento dialético, as práticas também podem ser modificadas a partir das teorias. Como ressalta Cunha (1997, p. 87), "tomar a prática como ponto de partida da teoria pode ser a alternativa de uma nova forma de construir o saber".

No que concerne à extensão, essa prática dentro das universidades também está dissociada das outras duas modalidades que foram delineadas anteriormente. A atividade de extensão no âmbito de algumas instituições de nível superior é quase sempre confundida com medida assistencialista, com base no pressuposto de que a universidade deve dar uma resposta à sociedade e à comunidade na qual ela está inserida. Conforme estudos realizados, observa-se que as atividades de extensão são concebidas como projetos dissociados das pesquisas realizadas dentro das universidades. Projetos esses que dificilmente ocorrem dentro das universidades, mas fora delas. Em outras instituições, a atividade de extensão busca oferecer seminários meramente informativos no sentido de capacitação, compreendidos como uma forma de estender algo a alguém que se pressupõe que sabe menos. Uma prática em que não se considera a realidade daqueles que fazem parte do projeto, suas vivências e experiências – estando em seu bojo novamente a ausência da relação entre teoria e prática. No entanto, a extensão deveria ser concebida como um encontro em que o conhecimento originado na pesquisa e no ensino que ocorrem na universidade, junto ao conhecimento historicamente constituído pela comunidade, de forma não hierárquica, buscaria a melhora da qualidade de vida das pessoas as quais estão inseridas nesta comunidade, em diversas modalidades.

Diante do exposto, para que possamos mudar as práticas de ensino que ocorrem dentro das universidades, precisamos incluir essa tríade, considerando como pressupostos básicos: o papel ativo dos educandos; que o conhecimento não é transferido e depositado, mas construído e apropriado; os saberes são construídos com base nas situações reais da vida prática, e não são metafísicos, mas dialéticos, provisórios e dependentes do paradigma que se escolhe observar.

Foi pensando dessa perspectiva, a de que o sujeito não se apropria dos conhecimentos de forma passiva, mas de maneira progressiva, por meio de construções evolutivas, que a psicologia cognitivista embasou uma nova perspectiva educacional, o Construtivismo. Partindo do pressuposto de que o conhecimento ocorre na relação entre indivíduo, meio e objeto, essa teoria chegou até nós na década de 1980 a fim de modificar as práticas de ensino, sobretudo com relação à educação infantil e ao ensino fundamental (primeira à quarta série). Um dos grandes nomes que configuram essa abordagem é Jean Piaget. Esse autor estudou o desenvolvimento da criança e como ocorria a aprendizagem nas diferentes etapas de sua vida. Biólogo de formação, ele pressupôs que o conhecimento se dava em uma construção crescente, mas dependente de estruturas cognitivas que já haviam sido formadas. Dessa maneira, para que se possa construir determinado conhecimento são necessários conhecimentos prévios, sendo preciso que haja certo desenvolvimento para que a aprendizagem possa ocorrer. Diante dessa forma de se conceber a aprendizagem e o desenvolvimento do educando, o professor teria o papel de orientar as atividades desenvolvidas pelos alunos. Atividades essas que devem necessariamente partir daquilo que eles já sabem a respeito do tema proposto. Para que haja consonância entre a teoria e a prática dentro dessa abordagem, na maior parte das vezes o professor opta por projetos temáticos, cujo conteúdo parte de algumas necessidades e curiosidades manifestadas pelos educandos. Em face disso, fica a cargo do aluno, em grupo, pesquisar e construir o conhecimento com o auxílio do professor orientador.

Essa maneira de se conceber a construção do conhecimento sofreu, e ainda sofre, inúmeras críticas, pois a responsabilidade do professor, como mediador intencional, deixaram de existir, assim como deixaram de existir a responsabilidade e as obrigações do educando com relação à apropriação, construção e reconstrução dos conhecimentos historicamente produzidos. A aceleração que a vida social nos impôs, juntamente à tecnologia, como a internet, não permite uma formação sólida e consistente, que por sua vez o mercado exige. Vivemos, portanto, a contradição do movimento dialético presente nas relações sociais. Ao mesmo tempo em que o mercado exige a autonomia do educando, a sociedade, no âmbito familiar, exime crianças de responsabilidades essenciais a cada época de seu desenvolvimento; responsabilidades essas que se caracterizam como importantes instrumentos mediativos para o desenvolvimento psíquico da criança.

Nesse mesmo período, anos de 1980, chega a nós uma nova abordagem oriunda da psicologia, a teoria histórico-cultural, que vai ao encontro das críticas estabelecidas à psicologia cognitivista de Piaget, superando-a, a nosso ver. Seu principal teórico, Vygotsky, delineia que, muito mais de que em estágios maturacionais – a aprendizagem se dá na relação que o indivíduo estabelece com outros indivíduos. Assim, a apropriação dos conhecimentos e sua construção se dariam à medida que esse sujeito fosse exposto a diferentes tipos de mediadores, bem como ao nível de intencionalidade dessas ações. Portanto, para esse autor, a aprendizagem nos levaria ao desenvolvimento. Essa teoria leva em consideração a cultura na qual os sujeitos estão inseridos, reconhecendo também a necessidade de mediadores intencionais que os incitem à construção do conhecimento. Com base em uma filosofia materialista-histórica, algumas categorias merecem atenção, quando se trata da relação ensino-aprendizagem, entre elas destacamos a categoria de mediação. Por mediação, Vygotsky (2001) conceitua a relação estabelecida entre o indivíduo e outros indivíduos, assim como entre esses e os objetos construídos por esses indivíduos. Assim, a mediação pode ser ilustrada como uma ponte que se estabelece entre o indivíduo e o que foi culturalmente construído. As mediações podem ainda ser compreendidas por dois diferentes tipos: instrumentos e signos. Os instrumentos podem ser classificados como qualquer objeto físico e ferramental, que nos auxilia nas atividades de nosso trabalho. Os signos são instrumentos que atuam no nosso psicológico, como a linguagem.

Diante desse contexto teórico, o professor atuaria como um mediador intencional daquilo que foi construído historicamente. A relação mediativa que se estabelece em atividades intencionais se diferencia de outras relações mediadas pela conscientização da ação que cabe àquela. A conscientização da função docente se circunscreve à tomada e escolhas de valores ligadas à finalidade/ao objetivo que se estabelece no ato de ensinar: ou seja, por que ensinarei o que vou ensinar? Para quê?

Essa perspectiva teórica não atrela a aprendizagem a fases maturacionais de desenvolvimento, tal qual fez Piaget; ao contrário, a aprendizagem se interliga muito mais aos processos mediativos, que se estabelecem na interação da criança com o outro no contexto, no qual já está inserida, o que é notável ao analisarmos crianças na atualidade. A aprendizagem ocorre, ainda, somente por relações de sentido estabelecidas com os significados a serem apropriados. Portanto, cabe ao professor estabelecer a mediação entre o conhecimento científico a ser ensinado – construído e apropriado – e o conhecimento construído nas relações do cotidiano. Dessa maneira, o contexto concreto no qual se insere o educando é a chave para a construção do conhecimento, sendo a base para isso o diálogo, como veremos.

Diante dessas abordagens, pesquisas na sociedade brasileira começaram a ser feitas não mais voltadas às práticas de ensino, mas a como os alunos aprendiam. O fato de encontrarmos respostas a essa questão nos levou a pensarmos em uma nova maneira de ensinar. Contudo, pelo fato de as práticas de ensino estarem alicerçadas no antigo modelo educacional é muito difícil que essa mudança se concretize. Pesquisas indicam que os professores alicerçam suas práticas naquelas que fizeram parte de suas vidas como alunos, independentemente dos estudos e das formações diferenciadas. A fim de reconstruir práticas de ensino-aprendizagem, é preciso que haja antes a conscientização dos professores sobre sua própria prática. Olhar para ela de maneira distante significa olhá-la a partir de um enfoque teórico. Somente dessa forma teremos a práxis, da qual tão bem falou Paulo Freire.

Traçando um histórico da relação ensino-aprendizagem nas suas diferentes áreas, averiguamos o quão difícil é para os educadores quebrarem antigos paradigmas e assumirem uma nova postura diante de si e do mundo, uma vez que grande parte dos educadores continua não considerando os processos de aprendizagem dos educandos, sendo aqueles os detentores do saber e os alunos, na condição de seres passivos, devendo se apropriar dos conteúdos a eles ensinados. Nesse modelo educacional o foco centra-se no ensino, não interessando como os alunos aprendem, pois os conhecimentos são transferidos "de cima para baixo", vindos das mãos do professor, aquele que tudo sabe. Compreendendo o indivíduo como uma tábula rasa, na qual ao longo de sua vida vão sendo depositadas informações necessárias para a sua vivência em sociedade, a escola ganhou um papel fundamental no decorrer de sua história, porque a ela cabe selecionar e transmitir conceitos necessários, isto é, o modelo a ser seguido. Essa concepção de ensino, que persistiu e ainda persiste ao longo dos tempos, foi denominada por Paulo Freire (1987) de "educação bancária". Essa denominação tão bem empregada por ele se circunscreve ao ato de depositar conhecimentos nos alunos, compreendidos como seres passivos.

Todavia, esse modelo educacional, ainda que utilizado de diferentes maneiras, não mais responde às necessidades da sociedade moderna. O novo modelo social requer indivíduos que saibam impor-se diante dos acontecimentos do mundo, pessoas que saibam criar e não copiar e imitar modelos preestabelecidos. É nesse momento que a sociedade imprime um novo modelo educacional.

A fim de conseguir uma ruptura no modelo de ensino tradicional, alguns teóricos da própria área da Pedagogia, acolhidos por estudos advindos de outras áreas, sobretudo da Psicologia, começam a questionar a ideia predefinida de o indivíduo ser passivo, ser uma tábula rasa. Começam-se discussões acerca de como ocorre a aprendizagem e, então, descentraliza-se o conhecimento das mãos dos professores. De detentores e transmissores do conhecimento, os professores passam a ser orientadores e mediadores, numa relação horizontal, em que aluno e professor constroem juntos os conhecimentos numa posição de humildade, na qual ninguém sabe tudo nem domina tudo.

O novo paradigma que se instaura compreende o homem como um sujeito que se constrói na sua relação com outros homens e com o mundo. Um indivíduo que de forma alguma é passivo, dado o seu poder de transformar as relações ao seu redor, de criar e de modificar o mundo. Um dos teóricos que compreendem o homem como um sujeito ativo que se constitui na sua relação com outros homens e com o mundo é Paulo Freire. Segundo esse autor, é por meio de processos de ensino e aprendizagem que os homens, seres inacabados, transmitem e se apropriam da cultura por eles mesmos criadas. Nesse sentido, a educação ganha outra conotação.

Para Paulo Freire, a educação consiste em um processo dialógico, em que educador e educando, por meio do diálogo, possam trocar experiências, refletir sobre o mundo e compreender um ao outro com a finalidade de entender a sua relação de inserção no mundo e com o mundo. Nesse sentido, a prática educativa deve levar à formação de um sujeito autônomo, consciente de suas relações sociais, políticas e econômicas. A consciência advinda dos processos educativos levaria à transformação das relações sociais. Essa prática educativa Paulo Freire denominou educação para a liberdade, pois só é possível ser livre partindo-se da tomada de consciência das relações sociais que nos constituem. Isso implica a consciência de que o homem, como sujeito histórico, que constrói a sua história, não é um ser condicionado, mas ao contrário, um sujeito que se insere no mundo.

Com base nesses pressupostos teóricos, Paulo Freire delineou um percurso metodológico de como educar para a liberdade, sendo o "diálogo problematizador" o seu fundamento. Junto ao diálogo, compreender o contexto no qual o educando está inserido, bem como entender que cada indivíduo possui vivências, saberes e experiências que lhe são próprios, é essencial para uma mudança significativa nas práticas de ensino.

Dessa maneira, compreender que o educando é um sujeito ativo, que possui vivências e experiências próprias, é conceber que a aprendizagem se dá de maneira autônoma, ativa, com base nas relações que o educando estabelece *junto a* e *com* o mundo – sendo a relação com o outro fundamental para a apropriação e construção de saberes.

Conforme o autor, os processos de ensinar e de aprender se inter-relacionam, pois no processo de ensinar já está contido o ato de aprender, de maneira que um inexiste sem o outro. Entendendo o ato de ensinar inter-relacionado ao ato de aprender, esse processo ocorre apenas por meio da linguagem ou comunicação, que, segundo o autor, manifesta-se em forma de *diálogo*.

Diante do exposto, é o diálogo que permite a interação entre os indivíduos, é por meio dele que os homens se apropriam da cultura historicamente construída. Mas o que vem a ser diálogo problematizador? De acordo com Freire (2007), o sentido do diálogo problematizador é o de levar o homem a tomar consciência da realidade que vive. Portanto, o educador, como um mediador intencional – que possui objetivos preestabelecidos à prática educativa, ou seja, o que ensinar e para que ensinar – deve criar a possibilidade para a produção e construção do conhecimento. Pensando nos pressupostos teórico-metodológicos propostos (Bakhtin, Vygotsky e Freire), cabe a nós professores compreendermos o quanto a produção de sentidos é peça-chave para uma prática que se fundamenta no diálogo e na dialogia.

De acordo com os pressupostos bakhtinianos, cada palavra contém um significado social, mas quando pronunciada se liga a sentidos múltiplos. Esses são pessoais, oriundos das experiências, vivências e leitura de mundo de cada sujeito. Assim, a palavra enunciada traz consigo um componente valorativo, um contexto, um sentido e, ainda, dirige-se a um interlocutor. Essa palavra é ainda prenhe de resposta, porquanto cada palavra pronunciada requer um ato responsivo. Diante dessas poucas palavras relativas à teoria de Bakhtin (2010b), pensar a didática e em todas as relações que se estabelecem graças à linguagem e às práticas de ensinar e aprender nos leva a tomar consciência do quanto é necessária uma formação pautada no diálogo e na dialogia para que tenhamos o processo do ensinar e aprender cada vez mais significativo e, por sua vez, efetivo. Nas palavras de Perez-Gómes (2000), a sala de aula deve constituir-se em um espaço de diálogo entre aluno e professor, pois toda aprendizagem significativa é oriunda de um processo de diálogo com diferentes mediadores, pressupondo a interação, o debate, a troca e o compartilhamento de culturas.

Capítulo II.

Formação inicial: escritos carnavalizados

LAURA NOEMI CHALUH[*]

Das questões que definem o trabalho

Neste capítulo, divulgo alguns resultados de uma pesquisa[1] que tem como objetivo analisar e compreender os processos formativos desencadeados por um grupo de alunos, do curso de licenciatura plena em Pedagogia, de uma universidade pública. Tais alunos participam de um projeto de extensão sob minha coordenação, em andamento desde março de 2010. O projeto valoriza a formação de futuros professores, articulada com a pesquisa, na tentativa de entrelaçar a cultura escolar e a cultura acadêmica.

O projeto de extensão, com reuniões semanais, está sustentado em uma concepção de formação que leva em consideração os seguintes princípios: a dimensão da pesquisa; a centralidade da linguagem (oral e/ou escrita); o reconhecimento do outro e da coletividade; e o empoderamento por meio da palavra. Antes de caracterizar o projeto de extensão e suas contribuições, devo sinalizar que é a partir das experiências vividas e dos diálogos tecidos nos encontros semanais com

---

[*] Professora doutora do Departamento de Educação e do Programa de Pós-Graduação em Educação do Instituto de Biociências da Unesp, *campus* Rio Claro/SP.
1 O presente trabalho está vinculado à pesquisa "Entrelaçando culturas: formação, linguagem, coletividade e empoderamento", que recebe auxílio financeiro da Fapesp.

os graduandos que, de forma conjunta, decidimos pelas leituras que gostaríamos de realizar, levando em consideração as discussões que mantivemos no encontro.

Neste trabalho, exponho as implicações surgidas de um dos encontros no qual os alunos fizeram considerações em relação à sua própria formação no contexto universitário: como se ensina e como se aprende na universidade? Eles explicitaram, ainda, suas considerações em relação à proposta curricular do seu curso. Foi assim que, na ocasião, decidimos pela leitura do texto de Geraldi, C. (1994), que nos ajudou a compreender e problematizar o conceito de currículo em ação.

Retomo aqui as escritas de duas alunas e uma minha, realizadas com base no encontro, para compreender quais os sentidos produzidos em relação à cultura acadêmica (oficial) vivida por elas e por mim. Talvez esses escritos mostrem ironia, uma vontade de reverso, de des-hierarquização, ao estilo do que faz o Carnaval (BAKHTIN, 2010): uma forma de formação horizontalizada, e não verticalizada como ocorre na universidade[2]. Talvez esses escritos mostrem certa irreverência e ironia com os próprios processos de aprender e de se formar vividos pelos alunos no contexto universitário. Enfim, seus escritos carnavalizados podem ajudar a pensar as práticas de formação que nós mesmos instituímos: que tipo de formação promovemos?

Do projeto de extensão

O projeto de extensão está sustentado por uma concepção de formação que considera os seguintes princípios: a dimensão da pesquisa; a centralidade da linguagem (oral e/ou escrita); o reconhecimento do outro e da coletividade; e o empoderamento por meio da palavra. Nesse sentido, a perspectiva de formação assumida por mim como coordenadora do referido projeto está atrelada à "trilogia" *linguagem-coletividade-empoderamento* (CHALUH, 2011a; 2011b; 2011c). Essa trilogia ajuda a repensar meu fazer docente: uma formação

---

[2] Agradeço ao prof. João Wanderley Geraldi pelo diálogo mantido desde as escritas dos meus alunos.

inicial da qual os alunos se sintam partícipes na construção do conhecimento em um espaço de diálogo e escuta que valoriza a autoria desses futuros professores.

O projeto de extensão articula-se a um projeto de pesquisa desenvolvido em escolas do município de uma cidade do interior do estado de São Paulo e a um curso de extensão para educadores da mesma rede, sendo eu responsável também pela coordenação dessas duas iniciativas. Essa articulação possibilita que alguns dos participantes do projeto de extensão se insiram na escola para acompanhar o trabalho pedagógico de uma professora ao longo de um ano letivo, e outros participem do curso de extensão e também tomem contato com professores em exercício. Assim, o contato direto dos alunos com os profissionais da educação se dá com base nesses outros dois espaços que são a escola e o curso de extensão. Penso que esse contato possibilita ampliar a compreensão da complexidade da escola e da educação.

Nos encontros semanais do projeto de extensão, são socializadas as experiências vividas com os educadores nesses dois âmbitos e, com base em leitura de textos (científicos e literários), procuramos buscar embasamento teórico para as nossas discussões e ações no contexto escolar; fazemos, ainda, levantamento bibliográfico em diferentes bases para subsidiar as questões que, na escola e/ou no curso com os educadores, instigam-nos a estudar.

Além dos estudos que realizamos, a prática da escrita nos acompanha desde que o projeto de extensão se iniciou. Faço destaque aqui para a importância da escrita, já que ela tem ocorrido de diferentes formas, entre elas: o registro daquilo que acontece nos nossos encontros semanais, que fica guardado em um caderno coletivo do grupo; as avaliações do processo vivido no projeto de extensão (junho e dezembro); e ainda a prática de registros individuais do encontro, da experiência na escola ou da participação no curso de extensão. Essas práticas tiveram início em 2010 e ainda continuam. Importa dizer que eu, como coordenadora do projeto de extensão, participo também de todas as práticas de escrita instituídas. Apenas não faço o registro que fica no caderno coletivo.

Também ao longo de todo este trajeto, temos desenvolvido alguns projetos de escrita:
* Cartas para nós (2011);
* Escrita mensal/temática (em andamento desde 2012);
* O que vês? O que pensas? O que fazes com o que pensas? (2012, e em 2013 surgiu como necessidade de alguns participantes do grupo, ou seja, não ocorreu de modo sistemático);
* Escrita de pipocas pedagógicas[3] (em andamento desde 2011, trata-se de um projeto que não é sistemático, ou seja, quando sentimos a necessidade de compartilhar uma pipoca, ela circula entre nós pelos *e-mails*).

A seguir destaco essas quatro propostas de escrita, já que foram desenvolvidas com base em alguns autores e/ou algumas questões que nos inspiraram.

O projeto "Cartas para nós" foi inspirado em uma das cartas escritas por Paulo Freire (2009) que discutimos no segundo encontro de 2011: a carta era "Ensinar – aprender. Leitura do mundo – leitura da palavra". A proposta implicou que, mensalmente, cada um de nós passasse a escrever uma carta para todo o grupo, a qual era compartilhada por *e-mail*. A ideia não era comentá-las, o foco era dar a ver o que nos acontecia estando com o outro.

O projeto "Escrita mensal/temática" nasceu no ano de 2012, quando sentimos a necessidade de sistematizar alguma questão pontual que chamava a atenção do grupo, e nesse mesmo ano foram elaboradas duas escritas desse tipo. Em 2013, o grupo escolheu dar continuidade a esse projeto, e assim este foi instituído como uma prática de fato mensal. As escritas vinculadas a esse projeto surgem quando o grupo todo entende que, em determinado momento do encontro, o grupo todo ficou envolvido com uma questão que merecia uma discussão mais aprofundada por cada um de nós, ou seja, uma temática que ficou como

---
3   Mais adiante explicito a ideia de pipoca pedagógica.

inquietação para a maioria do grupo, e que, por esse motivo, merecia ser registrada. O projeto "O que vês? O que pensas? O que fazes com o que pensas?" foi inspirado no livro de Rancière (2002), *O mestre ignorante: cinco lições sobre a emancipação intelectual*. O autor traz o percurso educativo e as considerações elaboradas por Joseph Jacotot, um pedagogo francês do começo do século XIX, que questiona os pressupostos sobre os quais se baseia a razão pedagógica moderna. Além de problematizar a questão da palavra e sua importância para a emancipação do homem, Rancière (2002) considera que, naquele contexto sócio-histórico, o ideal de progresso e da instrução do povo implicava a "eternização da desigualdade".

O projeto "Pipocas pedagógicas" foi inspirado em escritas produzidas por professores em exercício da cidade de Campinas, e que circulavam nos *e-mails* de um grupo de professores que participavam (e participam) do Grupo de Terça, vinculado ao Grupo de Estudos e Pesquisa em Educação Continuada (Gepec) da Faculdade de Educação (Unicamp). As pipocas pedagógicas[4] são crônicas escritas por professores em que são relatados acontecimentos da vida escolar. Segundo Prado (2013, p. 7), as pipocas pedagógicas são "experiências vividas de professoras e professores que, ao narrarem o vivido junto a seus alunos e alunas, deram a ver a riqueza de sentidos que emergem do cotidiano do trabalho docente".

A partir do ano de 2011, decidi compartilhar algumas das pipocas pedagógicas, com base nas quais fazíamos leitura e tínhamos discussões. Destaco aqui que essas produções nos instigaram a também querer produzir as nossas pipocas pedagógicas: assim, no grupo, alguns dos alunos se aventuraram a criar suas próprias pipocas e alguns milhos foram estourados nos encontros semanais. Como explicitado por Leite e Chaluh (2013, p. 178):

> Consideramos que as "pipocas pedagógicas", como reflexões de professores, são importantes no processo de formação inicial porque

---

4 Para ampliar a discussão acerca das pipocas pedagógicas, consultar: PRADO, G. V. T.; CAMPOS, C. M. (Org.) *Pipocas pedagógicas: narrativas outras da escola*. São Carlos: Pedro & João Editores, 2013.

ajudam a compreender a complexidade da escola e o cotidiano escolar, aproximando-nos da vida da escola. Ajudam-nos a apurar o nosso olhar para os pequenos acontecimentos vividos na escola.

Foram todas essas as escritas que potencializaram o nosso pensar e refletir a docência.

No capítulo presente, compartilho escritas articuladas ao projeto "Escrita mensal/temática", mostrando de que forma elas se apresentaram irreverentes e, por isso, sinalizam determinadas posturas e práticas que teriam que ser consideradas por nós, como professores do ensino superior.

Das leituras nos encontros semanais

No nosso primeiro encontro de 2012, decidimos fazer a leitura do texto de Moreira e Candau (2003), "Educação escolar e cultura(s): construindo caminhos." Ao longo desses anos coordenando o projeto de extensão, percebo que é constante, nos primeiros encontros de todos os anos, que os alunos tragam discussões que tenham relação com a sua própria formação como futuros professores, o que os levam necessariamente a discutir o seu curso, as disciplinas, e fundamentalmente fazer um estranhamento perante aquilo que eles vivem na sua formação. Nesse dia, e com base na necessidade de alguns participantes do projeto do quarto ano, que estavam cursando uma disciplina que tratava da diversidade no contexto escolar, sugeri a leitura do referido texto. Segue o registro[5] do encontro.

REGISTRO DE MARCELA (6 DE MARÇO DE 2012)

Estávamos todos à espera da professora Laura para iniciar a primeira reunião do semestre. Quando ela adentrou a sala, mostrou muita alegria pelo reencontro e iniciou uma breve conversa informal a respeito das férias de cada um, e apresentou os novos participantes.

Em seguida, o tema tratado foi a forma de trabalho para este semestre letivo. As "Cartas"[6], que eram uma forma de os integrantes trocarem sensações e pensamentos a respeito das experiências vividas no projeto,

---

5 Meu agradecimento aos alunos que fizeram ou fazem parte do projeto de extensão.
6 Trata-se do Projeto "Cartas para nós", anteriormente explicitado.

foram retiradas do planejamento em razão do tempo restrito dos alunos para se dedicar a tal prática e discutir a respeito. Ficou decidido que, como substituição das cartas, os alunos iriam relatar sensações e pensamentos quando lhes forem viáveis [...].

O artigo para discussão da reunião em questão foi "Educação escolar e cultura(s): construindo caminhos", de Antonio Flávio Barbosa Moreira e Vera Maria Candau.

De uma forma geral, os integrantes estavam bem focados no assunto tratado no artigo, de maneira que todos citaram trechos e expuseram suas opiniões e críticas, muitas vezes até complementando o raciocínio do colega e citando uma experiência vivida.

A ideia do artigo que entrou no debate em primeiro lugar foi que seria realmente justo um currículo escolar que leve em conta a cultura de cada um, e o termo para tal atitude é "justiça curricular".

Outro ponto tocado, do artigo, foi o fato de os próprios professores agirem de forma preconceituosa em sala de aula, usando termos inadequados para se referir aos alunos e até mesmo aos seus pais, colocando em prática desde o preconceito étnico até em relação a atitudes e desenvolvimento da criança. E agindo dessa forma, o professor não está sendo apenas antiético, como está comprometendo o futuro da criança, a qual percebe tais atitudes hostis. [...]

Retomando a proposta do texto, entramos na questão do silêncio: os professores deveriam adotar uma nova postura de jamais silenciar na presença de um ato preconceituoso e resolver qualquer problema que apareça no convívio escolar no exato momento, sem deixar "pra lá".

A certa altura da reunião, Raquel relatou um fato que presenciou: uma mãe fazia comentários preconceituosos a respeito de um casal homossexual e foi corrigida pelo filho, que aparentava ter uns seis anos. Esta, envergonhada, respondeu ao filho que aquela forma de pensar veio da família dela, e por assim ser, cresceu acreditando que aquela forma de relacionamento não era correta. Tal fato desencadeou outro ponto na discussão: percebemos que o preconceito também faz parte da cultura, e que o professor também tem sua própria cultura. Aí existe uma contradição de como conseguir respeitar e combinar culturas tão distintas num mesmo ambiente social, afinal, é a cultura do professor ou a do aluno que merece esse respeito em primeiro lugar? E será que existe cultura certa e cultura errada? Como foi dito também na reunião, o artigo trata mais de inquietações do que de soluções.

O colega Joseano também deu seu depoimento sobre algo vivido numa sala de aula, onde o professor observou atitudes dos alunos durante os intervalos e, deparando-se com a quantidade de "palavrões" utilizados por eles, decidiu fazer uma aula sobre o tema, agindo com a maior naturalidade possível, para que assim entendessem que, muitas vezes, não sabiam ao menos o significado da palavra pronunciada e que eram palavras desnecessárias. E isso foi um exemplo de adequação do planejamento de acordo a necessidade da turma.

Também foi reconhecido o quão importante é o professor dar o exemplo. Muitas vezes uma atitude correta faz com que os alunos adotem a mesma postura mais facilmente do que quando devem seguir ordens.

Finalizando a discussão sobre o artigo, o tema para a próxima reunião foi selecionado [...].

O texto escolhido para o segundo encontro foi de autoria de Geraldi, C. (1994), "Currículo em ação: buscando a compreensão do cotidiano da escola básica."

O texto de Geraldi traz um histórico acerca da construção do conceito de currículo com base no paradigma técnico linear (teóricos tecnicistas e behavioristas preocupados com a questão técnica do planejamento). Posteriormente, a autora discute – levando em consideração os dados empíricos produzidos no contexto escolar pelos graduandos em pedagogia, e no entrelaçamento com as discussões teóricas estabelecidas com esses alunos – como é que esse currículo se efetiva no cotidiano escolar. Foi dessa experiência que surgiu o conceito de "currículo em ação" (GERALDI, C., 1993; 1994). Segundo a autora (1994, p. 117), ele é "o conjunto das aprendizagens vivenciadas pelos alunos, planejadas ou não pela escola, dentro ou fora da aula e da escola, mas sob a responsabilidade desta, ao longo de sua trajetória escolar". Trata-se daquilo que ocorre nas situações contraditórias vividas pelas escolas: o que acontece e não o que era desejável que ocorresse ou estava institucionalmente prescrito.

O registro a seguir, elaborado por Amanda, explicita as principais discussões que foram promovidas nesse encontro com base no referido texto. Destaco a importância que têm as experiências dos alunos do projeto de extensão nas escolas onde eles estão inseridos, já que isso enriquece sobremaneira o sentido das leituras dos teóricos propostos, tendo a possibilidade de ampliar o olhar e a compreensão das situações vividas.

REGISTRO DE AMANDA (20 DE MARÇO DE 2012)
Começamos o encontro com a leitura do registro do dia anterior, o texto proposto para a discussão deste dia foi "Currículo em ação: buscando a compreensão da escola básica", de Corinta Geraldi.
Laura começa nos perguntando quais foram nossas impressões do texto.
Joseano então diz que o texto faz um resgate histórico sobre o paradigma técnico linear que nada mais é do que as grades, "a pedagogia dos diários oficiais".
A discussão do grupo vai ao encontro da ideia de que o currículo não é neutro, uma vez que a educação é um ato político.
Joseano compartilha com o grupo sua experiência na escola pelo Programa Institucional de Bolsas para o Início à Docência (Pibid), dizendo que a situação dos professores no ensino fundamental II é muito complicada, por conta do Saresp e bônus, e que tudo isso acaba refletindo diretamente na sala de aula, fazendo com que o professor não tenha espaço para trazer para dentro de sala de aula atividades mais significativas para os alunos.
O grupo então discute como as políticas públicas voltadas à educação tiram a autonomia do professor e a vida do currículo na escola. Pois a maioria dessas políticas está preocupada com os resultados (números positivos) e não com o processo, por esse motivo não entendem a escola e o currículo como algo vivo.

Até aqui tentei deixar em evidência o movimento gerado nos encontros, a importância da socialização das experiências vividas com os professores, seja na escola ou no curso de extensão, e de como a teoria nos possibilita "iluminar" os sentidos dos acontecimentos compartilhados no contexto educativo.

O texto de Corinta Geraldi (1994) nos provocou ao ponto de todos decidirmos pela escrita de um texto que deixasse em evidência o que ele tinha a ver com cada um de nós como alunos da universidade, e comigo como professora da Universidade. Ou seja, nós somos parte de um projeto de extensão que ao longo do tempo foi ganhando certas características e foi se transformando a cada ano, com o ingresso de novos participantes. Mas que relações o currículo em ação mantinha com o curso que esses alunos frequentavam? Como o currículo em ação relacionava-se com o meu lugar de professora desse curso? O que o currículo do curso de Pedagogia tinha a ver com a cultura da academia? E qual seria essa cultura acadêmica? E qual seria a cultura escolar na qual eles estavam inseridos? Essas foram algumas das inquietações que eu mesma me coloquei com base nas problematizações surgidas no encontro.

Cultura acadêmica e cultura escolar

Antes de trazer as escritas das duas alunas sobre o currículo do curso que elas frequentam e a academia em geral, devo explicitar que o que me levou/me leva a querer pesquisar (e aprofundar) o movimento gerado no espaço semanal dedicado ao projeto de extensão foram as colocações constantes dos graduandos acerca da potência que esse contexto teve/tem para o processo formativo de cada um deles. Acredito que a formação do professor comprometido, reflexivo, autônomo, que lute por um trabalho coletivo com seus colegas, que veja a necessidade de legitimar os saberes que são produzidos no cotidiano escolar, é preciso ser promovida desde a formação inicial. Assim,

> a partir das falas dos alunos que participam do projeto de extensão considero a importância de promover, desde o início da formação inicial, a possibilidade de que eles possam *habitar e produzir no mundo da cultura acadêmica e no mundo da cultura escolar* e para isso penso que algumas instâncias são fundamentais. Resgato como instâncias: a) a centralidade da linguagem e da interlocução; b) o reconhecimento dos *outros* e da *coletividade*; c) o *empoderamento* por meio da palavra (dita-grafada). Considero que os processos formativos (desencadeado nos graduandos), tendo como eixo a pesquisa possibilitou o desenvolvimento das referidas instâncias.[7]

É preciso ressaltar que a intencionalidade que os alunos do projeto de extensão pudessem habitar e produzir nessas culturas onde eles estão inseridos (universidade e escola) não tinha como pano de fundo a exigência de que eles "se encaixassem" nos moldes prescritos em ambas (culturas oficiais).

---

7 CHALUH, 2011a, p. 7, grifo da autora.

A intenção era a de que os alunos conseguissem participar da vida e da história da universidade e da escola. Em nenhum momento a ideia de habitar e produzir, nessas culturas, estava vinculada a uma adaptação deles aos padrões e às formas de comportamento promovidos em ambos os contextos.

Foi com a leitura do livro *A cultura popular na Idade Média e no Renascimento: o contexto de François Rabelais* (BAKHTIN, 2010) que consegui fazer um estranhamento perante o sentido de viver, habitar e produzir na cultura acadêmica e na cultura escolar.

Quando falo da possibilidade de que os alunos possam habitar essas culturas, aponto a necessidade de eles viverem intensamente nesses contextos: sentir, cheirar, olhar, caminhar, perder-se, voltar, deixar-se afetar pelos outros, afetar os outros, agir-mudar-transformar... Reitero que minha inquietação era que eles enxergassem a necessidade e importância de viver intensamente a escola e a universidade, o que hoje entendo por articular a ciência e a vida. Trago as considerações de Ponzio (2010, p. 21) que, de uma perspectiva bakhtiniana, considera a importância de reconhecer o mundo vivido como singularidade e sua relação com o mundo da cultura, porque é "no mundo da vivência única, que cada um se encontra quando conhece, pensa, atua e decide; é daqui que participa do mundo em que a vida é transformada em objeto". Articular a ciência e a produção de conhecimento na escola, na vida, no acontecimento vivo no qual essa produção é gestada.

Entrar em contato com o pensamento de Bakhtin (2010) acerca da cultura cômica popular, do Carnaval e do riso me provocou a pensar em qual o sentido das práticas de formação instituídas na academia e quais as implicações de nossas ações na formação de nossos alunos. Dialogo com Bakhtin (2010, p. 3-4) quando este traz considerações acerca da cultura oficial, do riso e da cultura cômica popular:

> O mundo infinito das formas e manifestações do riso opunha-se à cultura oficial, ao tom sério, religioso e feudal da época. Dentro da sua diversidade, essas formas e manifestações – as festas públicas carnavalescas, os ritos e cultos cômicos especiais, os bufões e tolos, gigantes, anões e monstros, palhaços de diversos estilos e categorias, a literatura paródica, vasta

e multiforme etc. – possuem uma unidade de estilo e constituem partes e parcelas da cultura cômica popular, principalmente da cultura carnavalesca, una e indivisível.

Bakhtin (2010) explicita as múltiplas manifestações da cultura popular e afirma que podem subdividir-se em três grandes categorias: as formas dos ritos e espetáculos (festejos carnavalescos, obras cômicas representadas nas praças públicas etc.); as obras cômicas verbais (inclusive as paródicas) de diversa natureza: orais e escritas, em latim ou em língua vulgar; e as diversas formas e gêneros do vocabulário familiar e grosseiro (insultos, juramentos, *blagues* populares etc.). Essas três categorias, ainda que na sua heterogeneidade, refletem um mesmo aspecto cômico do mundo. Para o autor, o Carnaval é o núcleo da cultura popular e se situa nas fronteiras entre a arte e a vida. Isso significa que os "espectadores não assistem ao Carnaval, eles o *vivem*, uma vez que o Carnaval pela sua própria natureza existe para *todo o povo*" (BAKHTIN, 2010, p. 6, grifos do autor).

Na busca por diferenciar o oficial do popular, Bakhtin (2010, p. 8-9) explicita que:

> Ao contrário da festa oficial, o Carnaval era o triunfo de uma espécie de liberação temporária da verdade dominante e do regime vigente, de abolição provisória de todas as relações hierárquicas, privilégios, regras e tabus. Era a autêntica festa do tempo, a do futuro, das alternâncias e renovações. Opunha-se a toda perpetuação, a todo aperfeiçoamento e regulamentação, apontava para um futuro ainda incompleto.

Como considerado por Bakhtin (2010, p. 9), o Carnaval caracterizava-se como a instância na qual se consagrava a ideia de que

> todos eram iguais e onde reinava uma forma especial de contato livre e familiar entre indivíduos normalmente separados na vida cotidiana pelas barreiras intransponíveis da sua condição, fortuna, idade, situação familiar e do seu emprego.

A cultura popular nos mostra a potencialidade para se pensar em solidariedade, coletividade, igualdade e empoderamento/libertação de todos os sujeitos que nessas culturas estão inseridos.

Com essas considerações, trago a experiência vivida junto a meus alunos do projeto de extensão no dia em que foram socializadas escritas produzidas por eles, as quais, como já referido, guardavam relação com pensar a universidade e sua cultura, seu currículo, momento no qual consegui fazer um estranhamento perante a formação que eles mesmos estavam tendo. Enxergo essas escritas e falas dos alunos como uma possibilidade de pensá-las como escritas irreverentes/irônicas que, ao serem ouvidas, indiciam a presença das contradições presentes na cultura acadêmica oficial. Uma denúncia que, na concepção de Freire (2005), implica conhecer, compreender e tomar consciência da situação, estar por dentro de – para, com base nisso, "proclamar o anúncio", o que pode ser concretizado, o sonho, o inédito viável.

Sobre as falas das alunas

Como já referido, a leitura e discussão de Geraldi, C. (1994) nos provocou ao ponto de coletivamente decidir investir em uma escrita que trouxesse as nossas experiências na cultura da academia e estivesse vinculada ao que se ensina e como se ensina.

Trago aqui duas das "escritas irreverentes" para, com base nelas, pensar de que forma a vida pode sair "de seus trilhos habituais" (GARDINER, 2010). Escritas irreverentes que trazem indícios que merecem ser escutados porque carregam possibilidades para pensar e fazer de outras formas

"A NOSSA EXPERIÊNCIA COM O CURRÍCULO NA UNIVERSIDADE"
(PRIMEIRA ESCRITA DE AMANDA)

Entramos na universidade e logo no primeiro ano já entramos em contato com a teoria (imensos textos) que muitas vezes não tecem relações com a nossa realidade; os anos vão se passando e isso tudo vai se repetindo, poucos são os espaços que valorizam e aceitam nossas experiências. Poucos são os ambientes dentro da universidade que abrem espaços para a sensibilidade, criatividade, reflexão, isso tudo me faz questionar como a universidade quer formar educadores que valorizem as experiências de seus alunos [...] se poucos são os espaços em que ela mesma proporciona esses tipos de atividade?

O que percebo é que na universidade não há espaço para o "movimento" — digo isso no "currículo" nas disciplinas —, tudo é muito linear, não há espaço para o diálogo entre teoria e vida-vivida!

Os locais em que percebo a oportunidade de "viver" um currículo em movimento são as disciplinas mais alternativas, com leituras mais diversificadas, significativas, que trazem experiências, que abrem espaços para o diálogo entre os alunos. E também em projetos de extensão como o nosso, que priorizam o diálogo, a escuta.

O que percebo é que por mais contraditório que seja, vivemos na universidade discutindo e fazendo críticas à escola tradicional e às práticas tradicionais, sem perceber o quanto a universidade é tradicional e o quanto nosso modelo de Ciências é tradicional.

"UNIVERSIDADE, UMA TERRA PROMETIDA" (PRIMEIRA ESCRITA DE DANIELI)

"A instituição escolar é uma fonte de decepção coletiva: uma espécie de terra prometida, sempre igual no horizonte, que recua à medida que nos aproximamos dela".[8]

A universidade funciona do mesmo modo que é relatada no trecho acima. A terra prometida é a liberdade de expressão, é conseguir relatar suas experiências, é implementar suas ideias no currículo. E para chegar a essa terra tão almejada iniciamos uma grande saga, que se inicia com uma superpreparação, desde o ensino fundamental, até as catorze terríveis horas fazendo o vestibular. [...]

Quando chega a tão esperada aprovação há muitos comentários sobre a universidade como, por exemplo, que a universidade é o templo máximo do saber, que nela há a liberdade de expressão e há o encontro de várias culturas e trocas de experiências. Todos esses excertos se aproximam da terra prometida. [...]

Estamos tão presos nesse sistema de verticalização que nem mesmo o modo como as pessoas falam é permitido no meio acadêmico. Uma colega me relatou um fato que ocorreu com ela e que me deixou perplexa. Ela foi apresentar um trabalho para alguns professores e, no meio da apresentação, uma professora a corrigiu pelo sotaque em uma expressão muito usada no Nordeste, porém quase desconhecida no Sudeste. A professora ainda esclareceu que dentro da universidade tem que se usar a norma culta da linguagem. Oras, nem seu sotaque, sua cultura é admitida dentro da universidade (lá se vai à terra prometida ficando

---

8   BOURDIEU, 1999.

cada vez mais distante). A universidade não deveria ser o espaço dos diferentes modos de pensar, falar, vestir, o lugar da troca e do respeito às diferenças?[...]

Mas não posso só reclamar, pois ainda há professores que fazem o que podem para burlar a grade curricular e abrir um espaço para o diálogo, as experiências, para as diferentes culturas, e que nos incentivam a agirmos, a botarmos nossas ideias em ação. (Nessas aulas a terra prometida fica bem próxima, mas do que em qualquer outro dia). Porém não é de tudo que o professor consegue escapar, ele também está preso na burocracia e no currículo. [...]

O que nos resta fazer é aproveitar ao máximo os momentos de liberdade de expressão que nos são oferecidos dentro ou fora da universidade. E tentar descobrir caminhos para tentar levar os ideais de liberdade de expressão, de pensamento a todos os lugares possíveis. Trazendo a terra prometida do saber para o mais perto possível.

Escritas irônicas, irreverentes, carnavalescas... Talvez seja necessário apostar "no potencial libertador das formas culturais populares" (GARDINER, 2010, p. 248). Dialogo com Gardiner (2010, p. 228, grifo nosso), já que ele discute a questão do Carnaval:

O Carnaval efetivamente quebrava as formalidades da hierarquia e das diferenças herdadas pelas diferentes classes sociais, idade ou castas, substituindo tradições e cânones estabelecidos por um modo de interação social "livre e familiar", baseado nos princípios de cooperação mútua, solidariedade e igualdade.

Durante essas festas e festivais tão populares, *a vida saía de seus trilhos habituais, legalizados e consagrados, e penetrava no domínio da liberdade utópica.*

Penso nessas escritas irreverentes como uma poderosa arma que, ao mesmo tempo em que denunciam, também anunciam outras possibilidades. Talvez nos anunciem a possibilidade de sair dos trilhos habituais, para estarmos atentos às nossas próprias práticas de formação e suas implicações no processo de formação de futuros professores.

Mas, para que isso possa acontecer, será necessário estarmos atentos a essas produções irreverentes. Sabendo que, como considera Geraldi, J. W. (2006, p. 64, grifo nosso), existe um mundo constituído pelas letras da cidade, mundo extremamente polifônico, por onde a escrita circula naturalizada e não sem alguma poluição visual. Em sociedades letradas, há escritos por toda parte. Mover-se pela cidade implica também ler algumas destas "letras", *mas também estar cegos para inúmeras outras* [...].

Ainda que Geraldi, J. W. (2006) traga essa discussão tendo como foco a alfabetização, considero cabível trazer essa problematização aqui: onde ficam essas escritas irreverentes, com um ar carnavalesco? Quem tem a possibilidade de lê-las e escutá-las? E o que fazemos ao entrar em contato com essas escritas? Mais uma irreverência de minha parte: qual a minha responsabilidade perante essas proposições dos alunos em formação? O que faço como professora, no ato, na vida, do meu lugar único e singular?

Irreverências carnavalescas

É possível ser um professor irreverente, que sai da trilha, dos caminhos? A seguir, minha escrita irreverente de professora coordenadora do projeto de extensão, produzida, como já referido, com base nas discussões acerca da universidade e do currículo em ação (GERALDI, C., 1994) as quais surgiram dos diálogos com meus alunos.

"Currículo: o que eu tenho a ver com isto?"
(Primeira escrita de Laura)

Como professora, as questões são: quais os conhecimentos que os professores em formação precisam para sua atuação e como articular esses conhecimentos com suas experiências e vida escolar? Penso ser esta a questão posta. A questão de pensar que só na articulação com a vida é que "os conhecimentos necessários para" ganham sentido.

Isso é fácil para mim no contexto do projeto de extensão, em disciplinas das quais participam 20/25 alunos.

Por quê? Será que eu sou outra professora com uma turma de 45 alunos? Tento fazer um estranhamento sobre a minha própria prática e penso que não sou outra. Só que as circunstâncias me levam, às vezes, a assumir certas decisões (das quais gostaria de abrir mão), mas que venho confirmando ser difícil, muito.

Vamos lá. Difícil por quê? Difícil porque aprendi que dizer para alunos do 1º. ano no primeiro dia de aula que quero diálogo, reflexão, posicionamento e que me interesso mesmo por saber o que pensam, na maioria das vezes acaba sendo compreendido como "não preciso estudar porque ela quer minha reflexão". Sim quero reflexão pessoal, quero sim experiências, mas articuladas com o pensar acerca do que determinado autor pensa/ problematizou. Ao final quero que saibam argumentar sobre as decisões que vão ter que tomar na escola. Quero que, frente a uma determinada leitura, cada aluno saiba explicitar o que o autor fala e o que ele próprio fala com base em sua vivência e na relação com esse autor. Aprendi, nestes poucos anos na universidade, que isso não é compreendido facilmente... Não desisto, mas não é fácil.

Difícil por quê? É difícil para alguém dizer o que pensa e sente, é preciso de um espaço de confiança, de poder se expor sabendo que os outros (professor e colegas) estão lá para juntos pensar e aprender. Nem sempre todos os que estão na aula têm esse interesse. Difícil sair do lugar de aluno que recebe "conhecimentos estabelecidos na grade curricular" para assumir um lugar de aluno que assume a "prática de pensar e falar sobre os conhecimentos e a sua própria vida".

Difícil por quê? Porque para poder construir um ambiente acolhedor entre os alunos, é preciso de tempo, de se conhecer, de estar abertos para o novo... O novo que nem sempre nos leva a certezas, seguranças... Tempo, dimensão que me tortura desde os 20 anos de idade, quando iniciei minha vida como professora. Tempo necessário para que o diálogo possa fluir, tempo para conhecer os alunos, tempo para poder acompanhar de fato os processos de cada um...

Difícil por quê? Difícil porque não aprendemos na vida escolar que somos capazes e temos legitimidade para dizer o que pensamos e sentimos, e penso que essa talvez seja a barreira mais dura a ser quebrada. Assim, como fazer em um semestre para romper com as "histórias escolares silenciadas", romper no sentido de eles perceberem que podem se expressar, expor, dialogar? Como mostrar em um semestre a importância de atrelar ao "conhecimento científico" as "experiências vividas"? Como fazer para promover a constituição de sujeitos comprometidos, responsáveis pelas suas ações em um semestre? Minha resposta é "no exercício da prática dos valores que apostamos".

Difícil por quê? Porque nem todos têm consciência do significado de ser professor. Como vocês podem ver, talvez o currículo que eu penso necessário tem a ver muito com qual sujeito estamos formando: que ser humano é o professor em formação? Como ele se constitui? Como promover espaço para o "exercício do diálogo, da reflexão, da participação, do compromisso".

> Reafirmo a necessidade de considerar o aspecto humano dos professores em formação para que os conhecimentos da grade não se esvaziem. Talvez tenha viajado, mas é a primeira vez que coloco no papel coisas que já tinha conversado com vocês. Paulo Freire considera que temos que denunciar e anunciar: o que podemos fazer acerca desta questão?

Irreverências carnavalescas da professora que mostram as dificuldades que enfrenta para, de fato, conseguir agir na sala de aula de forma coerente com seus princípios. Irreverências carnavalescas que, de certa forma, indiciam uma concepção de formação de futuros professores. Uma concepção de formação que valoriza a constituição de um grupo de alunos na busca conjunta por um espaço de confiança, no qual a palavra possa circular em liberdade, sem constrangimentos. Um espaço que reconheça e legitime a singularidade das experiências vividas como ponto de partida para pensar na educação e nos teóricos envolvidos com as questões educativas. Uma formação que percebe a necessidade da responsabilidade pelos nossos atos, e por isso, a necessidade de estudar para poder argumentar sobre as escolhas que fazemos, na busca pela nossa coerência entre o pensar e o agir. Escrita irreverente, talvez, por mostrar as dificuldades que enfrentamos como formadores de futuros professores; escritas irreverentes porque deixam em evidência as limitações que enfrentamos quando queremos e optamos por "sair dos trilhos habituais...".

Pensar a formação inicial: sair dos trilhos habituais

Para finalizar, gostaria de retomar o diálogo com Geraldi, C. (1993; 1994), lembrando que as nossas discussões sobre a universidade e a cultura acadêmica (oficial) surgiram das discussões acerca das nossas próprias experiências e que, posteriormente, as problematizações foram ampliadas com base na concepção de currículo em ação, explicitada pela autora.

Retomo o diálogo porque a autora explicita com clareza de que forma podemos pensar em uma formação que possa sair dos trilhos habituais e legitime os saberes produzidos no movimento da aula, os quais, segundo ela, são "saberes regados de paixão":

> [...] a concepção de metodologia de ensino que assumo, e que envolve a articulação entre nossas opções diante do mundo, da vida, do trabalho, da escola pública e do conhecimento (e têm como horizonte nossos sonhos e utopias) com a prática das aulas/cursos/currículo: o conteúdo selecionado e seu enfoque epistemológico, a bibliografia escolhida, o relacionamento com os alunos, o processo de cada aula, o movimento de sua continuidade, os processos avaliativos, os produtos gerados etc. Dificilmente são possíveis de transformação em conhecimento metódico e rigoroso: a disciplinaridade e a compartimentalização mata muitos saberes, que são também regados de paixão.[9]

"Saberes regados de paixão", saberes que só tomam forma e se materializam no encontro com os nossos alunos, nas relações que instituímos, na disponibilidade para escutar e falar, na abertura para acolher experiências e saberes outros que não aqueles "planejados". Saberes regados de paixão que temos que legitimar como professores de futuros professores. Saberes que talvez, "não caibam" no plano de ensino:

Planejar é decidir, encaminhar, negociar o processo de ensino a ser desenvolvido, com alterações resultantes do próprio movimento construído por professor-alunos-conhecimento no decorrer do processo. Já o plano vai significar a declaração escrita e sucinta das intenções que foram negociadas no início do trabalho docente (GERALDI, C., 1993, p. 29).

A autora concebe a escola (a universidade) como "espaço de produção de saberes, porque o trabalho no ensino é prático, é social e é histórico, como nos ensina Lefèvre" (1969, p. 49-50 *apud* GERALDI, C., 1993, p. 12). Talvez sair dos trilhos habituais implique o reconhecimento de que a aula seja um espaço de produção de conhecimento, na medida em que a concebemos como possibilidade de diálogo com base no qual não só o conhecimento científico seja reconhecido, mas também caibam outros saberes:

---

9 GERALDI, C., 1993, p. 421.

São os saberes produzidos nas aulas com os alunos no diálogo com os conhecimentos e a nossa vida, o nosso trabalho, a sociedade, a escola, a notícia do jornal, a música, o filme, o livro, ou a poesia. Incluem as "sacadas" que fazemos ao buscar relações entre esses saberes, às vezes tão separados na academia, na história oficial, na informação do jornal, no fato vivido na aula pela professora/aluna de Pedagogia, na portaria do *Diário oficial*, na *estatística do IBGE*. A alegria e o prazer das descobertas que fazemos juntos, de sentir/incluir as mudanças conceituais, a busca de coerência entre o que pensa/estuda/faz. A capacidade que os alunos revelam para elaborar possibilidades e de percebê-las como provisórias, para construir saberes e superações, de produzir questões e relações novas.[10]

Penso que as "escritas irreverentes" compartilhadas neste capítulo possibilitaram mostrar a necessidade urgente de sair dos trilhos habituais. Por isso penso que, talvez, seria interessante produzir "escritas irreverentes" já que elas deixam transluzir possibilidades para repensar as práticas que instituímos na universidade, permitindo-nos assim fazer um estranhamento perante aquilo que os alunos e nós pensamos, acerca daquilo que fazemos acontecer quando entramos na vida da sala de aula.

---

10 GERALDI, C., 1993, p. 416, grifo nosso.

Capítulo III.

Em defesa da didática intercultural: apontamentos sobre um marco de referência

EMÍLIA FREITAS DE LIMA[*]

Este capítulo pretende, como o título sugere, defender a minha opção pela didática na perspectiva intercultural, o que venho fazendo em diferentes situações, como orientações de dissertações e teses, docência na graduação e pós-graduação, palestras, publicações (LIMA, 2009a; 2009b; FONTENELE e LIMA, 2007).

Considerei importante situá-la no âmbito da minha trajetória como estudante e como profissional, com base no princípio de que nenhuma opção acontece por acaso, mas é fruto das vivências de cada pessoa. Inicio este capítulo, então, tecendo relações entre a minha trajetória acadêmica e profissional, as diferentes concepções de didática e a forma como as fui vivenciando.[1] Em seguida, apresento e defino conceitos-chave que, a meu ver, compõem a perspectiva aqui defendida e, finalmente, teço considerações que buscam, ainda que brevemente, apresentar consequências dessas ideias para a tradução da didática intercultural no cotidiano escolar.

---

[*] Docente da UFSCar (Departamento de Teorias e Práticas Pedagógicas).
[1] Redijo esta parte inspirada no capítulo 1 de minha tese de doutorado (LIMA, 1996).

A didática, o ensino e eu

Parto da constatação de que, como já vivi muito, minha trajetória escolar e profissional vem acompanhando a trajetória da didática em suas diferentes fases e respectivas concepções. Em seguida, por meio da rememoração de fatos e pessoas marcantes, desde o ensino fundamental, procuro relacionar ambas as trajetórias e mostrar como cheguei à opção pela didática na perspectiva intercultural.

Como não cursei educação infantil (naquela época chamada de jardim da infância), começo por rememorar o primário e o ginásio[2], período do qual guardo lembranças de professoras e professores – mais daquelas do que destes – inesquecíveis. Era gente forte, séria, rigorosa, muitas vezes até mais "braba" (como a gente dizia) do que os alunos gostariam; mas era gente que fazia da profissão a *sua* profissão: profissão de vida, profissão de fé! Eram *educadores(as)* – e não *só* professores(as). Tomando de empréstimo as imagens construídas por Rubem Alves (*apud* LIMA, 1996), eram jequitibás e não eucaliptos; artesãos do ensino e não gerenciadores de construção industrial em série. Deixavam lições de português, matemática, ciências, história, geografia sim; mas deixavam, acima de tudo, lições de vida.

O normal, como era então chamado o curso de formação de professores em nível médio, não deixou muitas marcas, pois havia poucos(as) professores(as) com a mesma têmpera. No entanto, é impossível esquecer, por exemplo, a Dona Sílvia (de música), o Joaquinzão (de biologia educacional) e a Dona Luizinha (de desenho).

Porém, sempre que me lembro desse curso, o que vem com mais força é a imagem do meu primeiro ano como professora de uma classe multisseriada (1ª, 2ª e 3ª séries) e o verdadeiro terror que tomou conta de mim quando senti que não sabia o que fazer. Passei, então, a sentir raiva do normal, por não ter me preparado para enfrentar aquilo. E a raiva aumentou ainda mais quando,

---

2 Correspondentes ao ensino fundamental de hoje, com a diferença de que duravam oito anos, em dois segmentos distintos, de quatro anos cada, e separados entre si pelo "famigerado" e temido Exame de Admissão ao Ginásio.

nos primeiros dias de aula (ou de horror?) os meus pequenos alunos me diziam: "a Dona Célia [professora do ano anterior] fazia assim, a Dona Célia fazia assado..." E o triste é que a Dona Célia era sempre melhor do que eu. Com o decorrer do ano, eles foram se lembrando cada vez menos dela, à medida que nosso relacionamento foi tornando-se amigo, caloroso, maternal até. Nós aprendemos a nos amar como uma grande família, bem ao estilo do que dizia Mello (*apud* LIMA, 1996): a professora – ou a *tia* – quando não sabe o que fazer com seus alunos, ama-os.

Depois do normal cursei Pedagogia na então Faculdade de Filosofia, Ciências e Letras de Presidente Prudente, hoje um dos *campi* da Unesp. Ingressei em 1967, na vigência do modelo pré-reforma universitária (Lei n. 5540/68), tendo sido perceptível a existência de duas fases naquele curso: uma anterior e outra posterior à implantação da reforma em 1970, meu último ano de curso. Alguns professores da área comumente chamada de Fundamentos da Educação (inserida na primeira porção do curso) me marcaram positivamente, por razões semelhantes às dos cursos anteriores, guardadas as características do ensino superior. Era gente séria, dedicada, que nos remetia diretamente aos autores clássicos sem, no mais das vezes, passar por seus intérpretes. Já o último ano, embora tenha contado com excelentes professores, não marcou positivamente, devido ao processo – atabalhoado! – de implantação da reforma universitária: imagine-se o que significou cursar duas habilitações (Administração Escolar e Supervisão Educacional) em um ano!

Lembro-me de ter percebido nitidamente o quão *forte* havia sido minha formação nos *fundamentos*, quando me candidatei ao mestrado em Educação, área de Métodos e Técnicas de Ensino, na PUC-RJ, cujo processo de seleção incluía um curso chamado "de nivelamento". Ao passar pela disciplina Filosofia da Educação, temida pela maioria da turma, foi com surpresa que descobri minha familiaridade com vários autores e ideias, graças ao meu curso de pedagogia.

As experiências vividas no mestrado foram das mais significativas para minha vida acadêmica e profissional, em várias dimensões. O próprio fato de sair do interior de São Paulo e residir no Rio de Janeiro foi uma grande fonte de aprendizagens, enormemente enriquecidas pela convivência com a PUC-RJ, tendo em vista a cultura institucional que sempre a caracterizou. Mais importantes, porém, foram as contribuições proporcionadas pela dimensão acadêmica, tanto pelo contato direto com professores(as) e pesquisadores(as) altamente competentes, como pelo acesso a fontes bibliográficas variadas e atualizadas. Tudo isso influiu na minha visão de mundo, além de permitir a análise de minhas próprias experiências.

Pude perceber, então, que havia vivenciado, ao longo da vida escolar e profissional, várias posturas pedagógicas, o que me possibilitava conhecê-las não só por meio de leituras e do relato de experiências alheias, mas também das minhas próprias.

Entendi que aqueles marcantes professores do primário e do ginásio, bem como alguns do normal e da pedagogia, adotavam uma postura tradicional. Como compreender, então, que a mesma conduta pedagógica que tanto representou na minha vida possa ser tão criticada – repudiada mesmo? Anacronismo? O que era bom para aquela época não o é mais atualmente? Ou sempre haverá lugar para professores/educadores sérios, comprometidos, "jequitibás", não importando o rótulo que a eles se atribua?

Pude compreender também que o trabalho que eu houvera desenvolvido – no início dos anos 1970, após concluir o curso de pedagogia – como orientadora pedagógica numa escola de ensino médio[3] particular, havia sofrido influência do comportamentalismo, em voga à época. Tal postura pedagógica refletia-se, no nosso caso, apenas nas exigências feitas às escolas pelos órgãos supervisores no tocante à elaboração de sofisticados planos escolares e de planos de ensino, nos moldes do enfoque sistêmico. Destes, era cobrada a coerência interna entre os elementos, de modo que a cada objetivo correspondesse um conteúdo, uma estratégia e um procedimento de avaliação. E, obviamente, que os objetivos fossem elaborados segundo os cânones comportamentalistas, contendo apenas os *verbos permitidos*.

---

3   À época denominado "segundo grau".

Mesmo não tendo toda a compreensão teórico-filosófica, a minha visão pessoal de educação, ensino e aprendizagem, bem como a dos dirigentes daquela escola, não se coadunava com aquele formalismo exagerado, tampouco com a amarração extrema a objetivos comportamentais, responsáveis, a meu ver, pelo *engessamento* do processo de ensino-aprendizagem, contribuindo mais para formar autômatos do que seres pensantes.

Foi então que travamos, eu e o corpo dirigente da escola, contato com a experiência desenvolvida no Colégio Nova Friburgo, da Fundação Getúlio Vargas, baseada no *ensino por unidades didáticas*. Impressionados com a marca fortemente humanista dessa proposta de ensino, nela nos inspiramos para organizar a nossa. Apesar das dificuldades, até hoje aquele período é lembrado pelos ex-alunos com saudade, e há ricos depoimentos que dão conta das influências positivas dele em suas vidas. Só não sei explicar como conseguimos a façanha de adequar o modelo de ensino vivenciado àquele exigido pela Delegacia de Ensino[4], de orientação antagônica.

Foi também o mestrado que despertou em mim o interesse pela seguinte questão, com base na análise de minha formação profissional básica: por que, tendo eu conseguido uma boa fundamentação teórica, e tendo sempre sido considerada boa aluna, sofria tanto com os embates da prática, quer como professora, quer como orientadora pedagógica? Por que razão eu sentia tanta dificuldade de relacionar as teorias aprendidas nos cursos com a minha prática profissional?

Diante disso, o tema da relação teoria-prática esteve presente, embora não como foco central, na minha dissertação de mestrado (LIMA, 1978), na qual analisei a atuação pedagógica dos professores do Colégio Teresiano do Rio de Janeiro – Colégio de Aplicação da PUC-RJ (CAP-PUC) –, tendo em vista seu projeto pedagógico. Os dados revelaram que tal proposta, baseada na educação personalizada, da qual Pierre Faure é um dos grandes teóricos, era vivenciada pelos professores em sua dimensão afetiva. Já na dimensão técnica prevalecia a adoção de um tipo de

---
4 Atualmente no Estado de São Paulo a denominação é "Diretoria de Ensino".

ensino tradicional. Tais resultados aguçaram o meu interesse pela aludida questão, já que, como eu, aqueles professores do CAP/PUC também não conseguiam "casar" integralmente a teoria e a prática.

A questão se manteve quando o mestrado me abriu as portas do ensino superior, primeiramente na própria PUC-RJ, depois na Universidade Federal de Alagoas (Ufal) e atualmente na Universidade Federal de São Carlos (UFSCar). Lidando com o curso de pedagogia e com outras licenciaturas, posso ver refletido nos alunos o mesmo dilema sentido por mim mesma: a falta da relação com a prática. A diferença é que hoje eles percebem isso ainda durante o curso, talvez em virtude das mudanças de abordagem dos problemas, possibilitadas pela literatura de natureza crítica veiculada no País após a abertura democrática ocorrida na segunda metade da década de 1980. Entretanto, o discurso – ainda que *crítico* – não consegue traduzir-se em um tipo de prática pedagógica consequente.

Essa percepção se confirmou mais fortemente quando, em 1994, ministrei pela primeira vez a disciplina Prática de Ensino e Estágio Supervisionado para a habilitação em magistério de segundo grau no curso de pedagogia da UFSCar. Pude sentir, então, quão sofrida foi a experiência para as estagiárias, totalmente desconhecedoras tanto da realidade de ensino – com a qual lidavam pela primeira vez – quanto dos modos de fazer pedagógicos – que não haviam aprendido durante sua formação no curso de pedagogia.

Com o interesse acadêmico aguçado pela mesma questão, pela vivência dessa experiência ingressei, em 1993, no doutorado em Educação, área de Metodologia de Ensino, na UFSCar. Foi então que conheci uma concepção de formação de professores que colocava em outras bases a relação teoria-prática. Esta deixava de ser considerada do ponto de vista da racionalidade técnica, passando a ser concebida à luz da racionalidade prática, tendo por base a *prática reflexiva* e o *ensino reflexivo*. Aqui convém lembrar que essa abordagem, baseada na *epistemologia da prática*, fortemente influenciada por Schön, por sua vez baseado em

Dewey, estava chegando ao Brasil, sendo que minha tese foi uma das primeiras defendidas nessa acepção.

A continuidade dos meus estudos e pesquisas sobre formação de professores e sobre as relações entre currículo e cultura – advindas originalmente da docência na disciplina Escola e Currículo no curso de pedagogia – levou-me a tomar uma posição crítica em relação àquela abordagem. Isso porque, como analisa Contreras (2002), embora ela tenha o mérito de considerar os professores como atores do processo de ensino e o conhecimento tácito como conhecimento inteligente, a "guinada" em direção à prática deixa de considerar como foco a discussão dos fins, que, aliás, também não está presente no paradigma da racionalidade técnica.

Entendi ser preciso, então, superar a racionalidade prática, já que, embora esta reconheça a pluralidade, o mundo não é só plural, mas é também desigual e injusto, e aquele paradigma, por si só, não daria conta de conduzir a uma prática mais justa e igualitária (CONTRERAS, 2002). Passei, então, a procurar pautar minhas análises pela racionalidade crítica.

Como se pode verificar pela descrição da minha trajetória acadêmica, "sofri" como estudante do ensino fundamental uma determinada concepção de didática e, como estudante no curso normal e no de pedagogia, não somente a "sofri", como a estudei teoricamente. Tratava-se, então, nitidamente, da concepção e vivência da didática na perspectiva *instrumental*, quer sob a égide do modelo de ensino tradicional, quer do tecnicismo que se fez presente fortemente nas décadas de 1960-1970, coincidindo com a minha formação inicial para a docência.

Já no mestrado (final da década de 1970) convivi com os primórdios do movimento de revisão da didática ocorrido no Brasil, tendo na professora Vera Candau, minha orientadora, uma forte liderança. O "documento de identidade" dessa virada conceptual foi a publicação do livro *A didática em questão* organizado por essa autora (CANDAU, 1985), divulgando o conteúdo do seminário homônimo ocorrido na PUC/Rio e também coordenado por ela, com o objetivo de promover uma revisão crítica do ensino e da pesquisa em didática. Nascia ali, formalmente, a passagem da didática instrumental para a didática fundamental, cuja principal característica é a multidimensionalidade dos processos de ensino e aprendizagem, preconizando o tratamento, não reducionista mas articulado, das dimensões técnica, humana e político-social.

Alguns anos depois, a mesma autora propõe a passagem da didática fundamental ao fundamental da didática, sendo esta configurada principalmente pela consideração de suas relações com o cotidiano e a cultura. Esta última "é vista como estruturante profunda do cotidiano de todo grupo social e se expressa nos modos de agir, relacionar-se, interpretar e atribuir sentido, celebrar etc." (CANDAU, 1988, p. 61).

A evolução dessa concepção levou a autora à proposta de uma *didática intercultural*, perspectiva com a qual tenho alinhado minhas ações de docência e de pesquisa, tendo sido objeto privilegiado do meu estágio de pós-doutorado na PUC-RJ, em 2005, supervisionado pela professora Vera Candau.

Tenho defendido que, vista desse modo, a didática se entrecruza com outros conceitos, entre os quais os de cultura, direitos humanos, igualdade/diferença/desigualdade, sustentabilidade, e interculturalidade, todos eles teleologicamente orientados para a justiça social e para a inclusão. A seção seguinte está, então, dedicada a apresentá-los tal qual os entendo.

Conceitos relacionados à perspectiva da didática intercultural

O sentido do estabelecimento das relações desses conceitos com a didática na perspectiva intercultural advém das necessidades postas pelas características atuais do mundo ocidental, mormente a partir da segunda metade do século XX, com mudanças cada vez mais aceleradas nas relações econômicas de produção – sob a égide das políticas neoliberais – e, consequentemente, na sociedade como um todo, em cujo interior as relações vêm se tornando cada vez mais desiguais e menos justas. São mudanças aceleradas e profundas, caracterizadas por uma globalização excludente e por uma mundialização com pretensões monoculturais, para as quais a área de Educação precisa dar respostas efetivas. Isso porque concordo com o princípio, difundido por Paulo Freire em sua obra, de que a educação não muda o mundo, mas muda as pessoas que vão mudar o mundo. E o papel da didática nessa tarefa é de grande relevância, já que lida com a dimensão sistemática e intencional da educação: o ensino, podendo este estar direcionado a formar diferentes tipos de cidadãos. A direção dada pela perspectiva intercultural se assenta nos conceitos que passo a considerar, ainda que sinteticamente, tendo em vista o escopo desta publicação.

A. Cultura

Cultura é aqui entendida como "um sistema de significações realizado" (WILLIAMS, 1992, p. 206); referida à compreensão de um modo real de vida, ao conjunto de significados atribuídos pelos seres humanos às suas produções. A cultura é assumida como uma esfera prática da vida cotidiana, uma esfera em que as transformações desta podem ser engendradas e alcançadas (WILLIAMS, 1979; 1992).

Na leitura de Eagleton (2005, p. 58) sobre a obra de Williams, a cultura compreende:

> Um padrão de perfeição, uma disposição mental, as artes, o desenvolvimento intelectual em geral, um modo de vida total, um sistema significante, uma estrutura de sentimento, a inter-relação de elementos de um modo de vida, e simplesmente tudo, desde produção econômica e família até instituições políticas.

Cuche (2002) considera cultura como um conceito especificamente humano e que melhor responde às diferenças encontradas nos estilos de vida das diferentes comunidades, sendo possibilitadora da transformação da natureza pelos seres humanos.

Em Williams (1979) a cultura assume, ao mesmo tempo, um caráter objetivo e subjetivo. Objetivo porque é definida no interior da sociedade, com base nas condições materiais que estão dadas. Subjetivo porque está atrelada àquilo que o autor chama de consciência prática, isto é, não se trata de perceber como achamos que vivemos a realidade, mas sim em compreender como a vivemos de fato.

Porém, os significados e atividades compartilhados pela cultura jamais são autoconscientes como um todo, mas crescem em direção ao *avanço em consciência* – e assim, em humanidade plena – de toda uma sociedade (EAGLETON, 2005; WILLIAMS, 1992). Essa acepção não admite a aprovação de tudo em nome da cultura, ou seja, por ela não se justifica reconhecer qualquer forma cultural como tal, simplesmente porque seja cultural. Assim, não se justificaria, por exemplo, considerar como tal a cultura das cantinas de delegacia de polícia, a cultura sexual-psicopata ou a cultura da máfia (EAGLETON, 2005).

Importa, ainda, salientar a diferença estabelecida por Williams (1992) entre "cultura comum" e "cultura em comum", posicionando-se este autor em favor do primeiro desses sentidos. Isso porque ele considera como "cultura comum" aquela continuamente refeita e redefinida pela prática coletiva de seus membros, enquanto por "cultura em comum" entende aquela em que valores criados *pelos poucos* são assumidos e vividos passivamente *pelos muitos*.

Cevasco (2008, p. 55), analisando esse conceito de Williams, indica que:

> Uma cultura comum não é a extensão do que uma minoria quer dizer e acredita, mas a criação de uma condição em que as pessoas como um todo participem na articulação dos significados e dos valores, e nas consequentes decisões entre este ou aquele significado ou valor. Isso envolveria, em qualquer mundo real, a remoção de todos os obstáculos a precisamente essa forma de participação: essa é a razão para ter interesse nas instituições de comunicação, que, sendo dominadas pelo capital e pelo poder de Estado, estabeleceram a ideia de poucos comunicando para muitos, desconsiderando a contribuição dos que são vistos não como comunicadores, mas meramente como comunicáveis. Do mesmo modo, [uma cultura comum] significaria mudar o sistema educacional de seu padrão dominante de selecionar as pessoas a partir de uma idade tão tenra, entre pessoas "instruídas", e os outros, ou em outras palavras, entre transmissores e receptores, para uma visão do processo integrado da determinação de significados e valores como algo que envolva a contribuição e a recepção de todos.

Em suma, o conceito de cultura aqui assumido entende-a como um processo em contínuo movimento, e não como essência preestabelecida. Não admite hierarquização, pois considera que todas as culturas são equivalentes, tanto do ponto de vista epistemológico quanto antropológico; dessa forma, o termo adquire um sentido plural. Extrapola a compreensão que restringe a cultura às produções humanas (materiais ou não), incorporando a ela os significados atribuídos a essas produções pelas pessoas, pertencentes a diferentes grupos sociais, em seu cotidiano. Essa acepção envolve necessariamente conflito, resistência, disputa e negociação, na direção da construção de uma "cultura comum" que supere a "cultura em comum".

B. Direitos humanos

Embora esse tema esteja muito presente na atualidade, sendo alvo de debates tanto nos meios acadêmicos quanto na mídia, seu sentido merece explicitação, pois a expressão "direitos humanos" tem sido comumente identificada com direitos exclusivamente individuais e fundamentalmente civis e políticos. Tal concepção vem se ampliando, de modo a abranger também os direitos coletivos, culturais e ambientais.

Analisando o legado da Declaração Universal dos Direitos Humanos no campo educacional, Candau (s/d) entende que o principal deles seja o seu caráter de universalidade, pautado no reconhecimento de que somos todos iguais, ou seja, de nossa humanidade. Vinculados a esse caráter, a autora indica outros dois: o da indivisibilidade e o da interdependência. O primeiro preconiza que a dignidade humana não pode ser buscada apenas pela satisfação dos direitos civis e políticos. O segundo aponta a ligação entre os diversos direitos humanos.

A autora aponta que as primeiras experiências em direitos humanos no Brasil, na educação popular e da educação formal, ocorreram no âmbito da luta pela redemocratização do País, principalmente a partir da década de 1980. Como marcos legais, identifica a Constituição Federal de 1988, a Lei de Diretrizes e Bases da Educação Nacional, o Plano Nacional de Educação em Direitos Humanos e o Plano Internacional de Educação em Direitos Humanos.

Candau (s/d) entende a educação como um direito humano, como um meio indispensável para realizar outros direitos, um instrumento de desenvolvimento de valores, crenças e atitudes em favor dos direitos humanos e como um meio para a criação de uma cultura universal desses direitos. A educação se daria por meio do respeito aos direitos e liberdades fundamentais; pela prática da tolerância e do respeito à diversidade cultural; pela possibilidade de as pessoas participarem efetivamente de uma sociedade livre.

A autora relaciona processos de educação em direitos humanos à promoção da consciência de que os cidadãos são sujeitos de direitos; ao favorecimento do

> processo de "empoderamento", principalmente orientado aos atores sociais que historicamente tiveram menos poder na sociedade, menos capacidade de influir nas decisões e nos processos coletivos e a processos de transformação necessários para a construção de sociedades verdadeiramente democráticas e humanas.

Para tanto, identifica como um dos componentes fundamentais o "educar para o nunca mais" (CANDAU, s/d); o resgate da memória histórica, o rompimento da cultura do silêncio e da impunidade.

Em relação à educação escolar, Candau (s/d) indica que:

> Discutir a questão dos direitos humanos no espaço escolar implica conhecer suas concepções, significados e valores historicamente construídos; consequentemente, demanda um entendimento da construção histórica dos conceitos de direitos humanos e de democracia e das suas relações com o contexto político e social.

Diante de tais considerações, não parece difícil identificar suas relações com a escola, o ensino e a didática.

C. IGUALDADE/DIFERENÇA/DESIGUALDADE

A discussão do tema dos direitos humanos remete à problematização das relações entre estes três conceitos. Isso porque toda a matriz da Modernidade enfatizou a questão da igualdade de todos os seres humanos, independentemente de origens raciais, nacionalidade ou orientação sexual. Assim, a igualdade é uma chave para entender toda a luta da Modernidade pelos direitos humanos.

Hoje o centro de interesse se deslocou, sendo que, embora não se negue a igualdade, o tema da diferença tem estado muito mais em evidência. Porém, não entendo que se possa afirmar um desses polos em detrimento do outro, mas advogo a articulação entre ambos e a busca de como trabalhar a igualdade na diferença. Entendo, como Santos (1997, p. 122), que "as pessoas e os grupos sociais têm o direito a serem iguais quando a diferença os inferioriza, e o direito a serem diferentes quando a igualdade os descaracteriza".

Porém, não é isso o que se verifica, pois os grupos humanos não só classificam as diferenças como, também, hierarquizam--nas, colocando-as em escalas de valor e subalternizando uns grupos em relação a outros. Nesse processo, as diferenças são descaracterizadas e transformadas em desigualdades.

A esse respeito, o documento-referência da II Conae/2014 (BRASIL, 2013) indica que:

> Historicamente, os movimentos feminista, indígena, negro, quilombola, GLBT, ambientalista, do campo, das pessoas com deficiência, entre outros, denunciam as ações de violência, desrespeito aos direitos humanos, intolerância religiosa e toda forma de fundamentalismo, racismo, sexismo, homofobia, lesbofobia, transfobia e segregação, que incidem sobre os coletivos sociorraciais considerados diversos.

Os movimentos sociais, que atuam na perspectiva transformadora, reeducam a si e a sociedade e contribuem para a mudança do Estado brasileiro no que se refere ao direito à diversidade. Ao mesmo tempo, afirmam que a garantia a esse direito não se opõe à luta pela superação das desigualdades sociais. Pelo contrário, colocam em questão a forma desigual pela qual as diferenças vêm sendo historicamente tratadas na sociedade, nas instituições educativas e nas políticas públicas em geral. Alertam, ainda, para o fato de que, ao desconhecer a riqueza e a complexidade da diversidade, pode-se incorrer no erro de reforçar o papel estruturante do racismo e, desse modo, tratar as diferenças de forma discriminatória, aumentando ainda mais a desigualdade que se propaga pela conjugação de relações assimétricas étnico-raciais, de classe, gênero, diversidade religiosa, idade, orientação sexual, entre cidade e campo, e pela condição física, sensorial ou intelectual.

Tais constatações coincidem com um projeto de sociedade no qual as desigualdades não têm lugar e as relações entre igualdade e diferença são problematizadas, sendo a igualdade compreendida como oposta à desigualdade, e a diferença, à padronização (CANDAU, 2001a). Assim, não se quer a diferença que inferiorize nem a igualdade que reduza tudo ao mesmo.

D. Sustentabilidade

A discussão sobre a sustentabilidade está presente na agenda mundial, frente à flagrante degradação do planeta em consequência do modelo econômico vigente na maior parte do mundo. Nesse sentido, vários documentos oficiais e eventos mundiais têm sido realizados, entre os quais citam-se as conferências ECO 92 e Rio+20, sediadas no Brasil.

Segundo o relatório Brundtland (ONU, 1987), o uso sustentável dos recursos naturais deve suprir as necessidades da geração presente sem afetar a possibilidade das gerações futuras de suprirem as suas.

O conceito de sustentabilidade é difícil e polissêmico. No sentido aqui considerado, envolve múltiplos aspectos: ambientais, sociais, econômicos, éticos, étnicos, políticos, comportamentais, entre outros, bem como suas inter-relações e seus desdobramentos na busca por um mundo melhor.

A Unesco definiu o período 2005 a 2014 como a década da educação para o desenvolvimento sustentável, com a finalidade de estimular as pessoas a mudarem suas atitudes e comportamentos com relação ao meio ambiente e à utilização dos recursos naturais. No *site* da Unesco, lê-se que

> em sua essência [é] uma ideia simples com implicações complexas, pois, após vivermos durante séculos sem nos preocuparmos com o esgotamento dos recursos naturais do planeta, temos que aprender, agora, a viver de forma sustentável.

A sustentabilidade não acontece mecanicamente, mas:

> Resulta de um processo de educação pelo qual o ser humano redefine o feixe de relações que entretém com o Universo, com a Terra, com a natureza, com a sociedade e consigo mesmo dentro dos critérios de equilíbrio ecológico, de respeito e amor à Terra e à comunidade de vida, de solidariedade para com as gerações futuras e da construção de uma democracia socioecológica sem fim.[5]

Boff (2012), defende que agora todas as pessoas são obrigadas a mudar, pois ou mudamos ou conheceremos a escuridão. Assim a situação atual do mundo exige que tudo seja *ecologizado*. Para o autor, a sustentabilidade envolve aspectos socioculturais e ambientais. Relaciona os primeiros a: direitos humanos, paz e segurança; igualdade entre os sexos; diversidade cultural e compreensão intercultural; saúde; e governança global. Já entre os aspectos ambientais, cita: recursos naturais (água, energia, agricultura e biodiversidade); mudanças climáticas; desenvolvimento rural; urbanização sustentável; prevenção e mitigação de catástrofes.

A relação entre este conceito e a educação e, mais especificamente, a educação escolar está na proposta feita por Boff (2012) de que cada saber deve prestar a sua colaboração a fim de proteger a Terra, salvar a vida humana e o nosso projeto planetário. Assim, o tema ecológico deve atravessar todos os saberes.

E. INTERCULTURALIDADE

Esse conjunto de conceitos-chave remete ao de interculturalidade, entendida por Candau (2002) como o diálogo, as trocas, as inter-relações das culturas que integram a sociedade atual, marcadamente multicultural. Nessa acepção, não basta a constatação da multiculturalidade se não houver a indicação de um projeto, de uma intencionalidade para atuar nela.

A noção de interculturalidade parte da de multiculturalidade, vocábulo polissêmico, cuja acepção neste texto inicia-se pelo que ele não é. Nesse sentido, são *rejeitadas* as seguintes ideias:[6]

---
5 BOFF, 2012, p. 1.
6 Estas ideias também são encontradas em Lima (2009).

- A que sustenta que a escola deve se igualar à cultura dominante, com base na teoria do *deficit*. A consequência seria a construção de uma cultura comum[7], na qual se anularia o conceito de fronteira, por meio da deslegitimação das línguas estrangeiras e dos dialetos étnicos e regionais (MCLAREN, 1997). Esse autor indica cinco razões pelas quais o multiculturalismo conservador deve ser rejeitado: não trata a branquidade como uma forma de etnicidade, situando-a como uma norma invisível pela qual outras etnicidades são julgadas; reduz os grupos étnicos à condição de acréscimos à cultura dominante; é monoidiomático; define padrões de desempenho para toda a juventude; não questiona o conhecimento elitizado. Nessa acepção, o multiculturalismo pretende assimilar os estudantes a uma ordem social injusta, para o que eles devem "desnudar-se, desracializar-se e despir-se de sua própria cultura" (1997, p. 115).
- A que trata a igualdade como natural entre as populações raciais, entendendo que elas podem competir igualmente na sociedade capitalista. Essa concepção é inspirada no "humanismo etnocêntrico e opressivamente universalista" (1997, p. 120).
- A que essencializa a diferença, como se ela existisse independentemente de história, cultura e poder. McLaren (1997, p. 121) identifica-a com o populismo elitista, no qual a teoria é dispensada em favor da identidade pessoal e cultural próprias de uma pessoa. Seria estabelecido *um pedigree de voz baseado na história pessoal, de classe, raça, gênero e experiência*. No limite, essa forma de conceber exacerba a afirmação da especificidade de cada grupo social ou cultural, gerando escolas diferentes para cada um deles (CANDAU, 2001).

Neste texto, a multiculturalidade é empregada na acepção intercultural, que envolve muito mais que a tolerância ao outro diferente de mim. Implica o reconhecimento do outro; o diálogo entre os diferentes grupos sociais ou culturais; a construção de um projeto comum, no qual as diferenças sejam integradas, fazendo parte do patrimônio comum. Corresponde ao que o subcomandante

---

7   Esta noção de "cultura comum" corresponde à de Williams, já citada neste texto.

Marcos (*apud* CANDAU, 2001, p. 4) identificava como "um mundo em que todos os mundos tivessem lugar".

Uma abordagem intercultural corresponderia, portanto, à abertura de espaço na escola para as contribuições das diferentes culturas e a consequente revisão da cultura da escola, de seus símbolos, valores, ritos etc., como defende Candau (2001). Nesse caso,

> a questão central para as educadoras críticas é desenvolver um currículo e uma pedagogia multicultural que se preocupem com a especificidade (em termos de raça, classe, gênero, orientação sexual etc.) da diferença [...] mas que ainda, ao mesmo tempo, remetam-se à comunidade dos outros sob uma lei que diga respeito aos referentes que orientem para a liberdade e para a libertação [...].[8]

As questões postas pela interculturalidade, ao remeterem para o tratamento da diferença, concebem a produção dessa diferença como um processo social e não como algo natural e inevitável. Não é uma *obviedade cultural*, como negro *versus* branco, ou latino *versus* europeu ou anglo-americano (MCLAREN, 1997).

Algumas consequências do entendimento da didática na perspectiva intercultural

Conceber a didática na perspectiva da interculturalidade, em conjunto com os conceitos-chave aqui apresentados, implica considerar que o ensino só tem sentido e só se completa se – e somente se – gerar aprendizagem nos/nas estudantes – em todos(as) eles/elas. Por sua vez, gerar aprendizagem implica necessariamente o trato pedagógico com as diferenças, aí incluídas as de raça/etnia, classe social, gênero, sexualidade, aparência física, ritmos e tipos de aprendizagem, e todas as outras que distinguem os seres humanos.

O respeito às diferenças se efetiva por meio dos conteúdos escolares, da forma de abordá-los e das relações pessoais envolvidas no trato pedagógico com eles.

Supera-se, assim, definitivamente a visão da didática instrumental, considerada como "um conjunto de conhecimentos técnicos sobre

---

8   MCLAREN, 1997, p. 70-71. A tradutora dessa obra de McLaren optou pelo emprego da forma feminina de tratamento.

o 'como fazer' pedagógico", sendo tais conhecimentos apresentados de forma universal e "desvinculados dos problemas relativos ao sentido e aos fins da educação, dos conteúdos específicos, assim como do contexto sociocultural concreto em que foram gerados" (CANDAU, 1988, p. 13-14).

Por outro lado, a meu ver, a concepção da didática na perspectiva intercultural não a exime da consideração conjunta e equilibrada das dimensões técnica, humana e político-social, tal qual era proposto pela chamada didática fundamental. Mesmo assim, essa visão multidimensional também é superada na medida em que a interculturalidade indica a direção na qual essas dimensões serão orientadas, direção essa que só se configura no cotidiano escolar.

A didática intercultural aposta nas relações entre conhecimento e cultura, na acepção indicada no presente texto; diferencia as formas de seu tratamento pedagógico, entendendo que visar à igualdade implica necessariamente tratar os diferentes de forma diferente – jamais de forma desigual – e defende a *sensibilidade*[9] como elemento essencial das relações entre docentes e estudantes, e destes entre si.

A dificuldade envolvida na vivência cotidiana das ideias aqui defendidas aumenta e amplia a importância e a responsabilidade atribuídas à formação inicial e continuada dos profissionais da educação. Evidentemente, essa formação não pode mais se efetivar por meio do velho modelo de pacotes prontos para serem "despejados", combinando com a também velha ideia de didática como arte e técnica de ensinar tudo a todos.

Penso, ainda, que nunca é demais insistir – como venho fazendo de forma recorrente – na responsabilidade das políticas públicas educacionais, para possibilitar que a formação docente se dê em condições adequadas e decentes de trabalho e de carreira docente.

---

9 Sensibilidade aqui está empregada no mesmo sentido daquele desenvolvido por mim em outro artigo (LIMA, 2009).

Capítulo IV.

A resolução de problemas e suas implicações para o ensino de matemática

JULYETTE PRISCILA REDLING*

O problema, a resolução de problemas e sua caracterização na educação matemática

Ao dar início às considerações a respeito da resolução de problemas, vamos nos ater primeiramente ao termo "problema", utilizado em vários contextos, com diversos enfoques e por diversos autores, apresentando algumas dessas definições.

Polya (1986) considera que um indivíduo está diante de um problema quando este se depara com uma questão a que não pode dar a resposta, ou quando não sabe resolver usando seus conhecimentos. Mendonça (1993) trata o problema como uma situação conflitante que não apresenta solução clara e imediata, à qual o sujeito deve elaborar as possíveis resoluções de forma original para chegar à solução.

---

* Mestre em ensino de Ciências e Matemática pela Unesp (Universidade Estadual Paulista, *campus* Bauru/SP), professora da Faculdade de Tecnologia Ciências e Educação (Fatece, *campus* Pirassununga/SP), professora de Matemática do Colégio John Kennedy (Unidade II – Porto Ferreira/SP).

Para Pozo (1998), um problema se distingue de um exercício, na medida em que, para este, dispomos de procedimentos que nos levam de maneira imediata à solução. No entanto, é possível que uma mesma situação seja encarada como um problema por uma pessoa, enquanto para outra seja um simples exercício, se esta possuir mecanismos e recursos cognitivos mínimos para resolvê-la.

A concepção de problema, para Onuchic (1999), pode ser enunciada como tudo aquilo que não se sabe fazer, mas que existe interesse em resolver, isto é, qualquer situação que leve o aluno a pensar, que lhe seja desafiadora e não trivial.

Nereide Saviani (2000) relata que um problema não pode ser encarado como algo que é simplesmente desconhecido pelo homem; para esse autor, um problema é definido como algo que não conhecemos, mas que temos a necessidade intencional de conhecer.

Já Santos e Ponte (2001) afirmam que o problema é uma dificuldade não trivial, que se pretende ultrapassar. Para eles, alguns autores adotam como referência a relação do indivíduo com a situação, enquanto outros dedicam a sua atenção para as características da própria tarefa.

Por fim, Contreras (1987 *apud* GONZÁLEZ, 1998, p. 71)[1] define um problema como "uma situação que não é familiar para uma pessoa; quando a novidade é sua característica fundamental e quando ela requer um tratamento distinto de uma mera aplicação rotineira".

Com base no exposto, adotamos uma definição de problema que supera aquelas que os livros didáticos trazem e que considera não ser suficiente a existência de um algoritmo que resolva o problema encontrado, sendo necessário o envolvimento do sujeito, para que assim possa encontrar a solução. Nessa perspectiva, uma situação-problema deve comportar a ideia de novidade, de algo ainda não compreendido, mas que traz, em sua estrutura, as condições suficientes para investigar, questionar e elaborar novas ideias e novos conhecimentos. Isso significa que, para uma atividade ser

---

1 CONTRERAS, L. C. La resolución de problemas, una panacea metodológica? *Enseñanza de las Ciencias*, v. 5, n. 1, p. 49-52, 1987.

considerada problema, os alunos não devem contar com todas as informações necessárias para sua resolução, de forma explícita. Entendemos que resolver problemas faz parte da natureza humana. Os primeiros homens, bem antes da invenção dos números, tiveram que desenvolver estratégias para resolver problemas da vida. Eles criaram maneiras de comparar, classificar e ordenar, medir, quantificar, e inferir os elementos fundamentais que a tradição da cultura nomeia de matemática (HUANCA, 2006).

Problemas matemáticos têm ocupado um lugar central no currículo de matemática desde a Antiguidade. Mas, apesar disso, Onuchic (1999) diz que a importância conferida à resolução de problemas pelos educadores matemáticos se deu somente a partir das décadas de 1980 e 1990, momento no qual eles passaram a aceitar a ideia de que o desenvolvimento da capacidade de resolver problemas merecia atenção.

O principal motivo de os educadores matemáticos darem ênfase ao ensino da resolução de problemas está no fato de que até este século foi defendido que o conhecimento matemático de qualquer área da Matemática, e não só o que consideramos um problema, deveria de um modo geral contribuir para o desenvolvimento cognitivo das pessoas (HUANCA, 2006). Tal desenvolvimento cognitivo, segundo Stanic e Kilpatrick (1989 apud HUANCA, 2006)[2], pode ocorrer ao se estudar matemática, a qual melhorará a habilidade das pessoas de pensar, raciocinar e resolver problemas com os quais se depararão no mundo real.

No final dos anos 1970, a resolução de problemas emerge ganhando espaço no mundo inteiro. Discussões no campo da educação matemática, no Brasil e no mundo, evidenciam a necessidade de se adaptar o trabalho escolar às novas tendências que poderiam levar a melhores formas de ensinar e aprender matemática.

Nos Estados Unidos, o Conselho Nacional de Professores de Matemática (National Council of Teachers of Mathematics – NCTM), a fim de seguir as recomendações para o avanço

---

2 STANIC, G. M. A.; KILPATRICK, J. Historical perpectives on problem solving mathematics curricula. *In*: CHARLES, R. I.; SILVER, E. A. (Ed.) The teaching and assessment of mathematical problem solving. Reston, VA: NCTM e Lawrence Erlbaum, 1989.

da matemática escolar nos anos 1980, elaborou o documento "An Agenda for Action" ("Agenda para Ação"). A criação desse documento se deu com a ajuda de todos os interessados, pessoas e grupos, que, num esforço cooperativo, tentaram buscar uma melhor educação matemática para todos. A primeira dessas recomendações diz que resolver problemas deveria ser o foco da matemática escolar para os anos 1980 (BARBOSA; SILVA, 2007). Segundo Onuchic (1999, p. 206), durante a década de 1980,

> muitos recursos em resolução de problemas foram desenvolvidos, visando ao trabalho em sala de aula, na forma de coleções de problemas, listas de estratégias, sugestões de atividades e orientações para avaliar o desempenho em resolução de problemas.

No entanto, todo esse material não deu a coerência e o direcionamento necessários a um bom resultado porque havia pouca concordância na forma pela qual esse objetivo era encarado. Tal falta de aceitação ocorreu, provavelmente, pelas diferentes concepções que pessoas e grupos tinham sobre o significado de a resolução de problemas ser o foco da matemática escolar.

Schroeder e Lester (1989), com base nessas divergências, apresentam três caminhos diferentes de abordar resolução de problemas, a saber: ensinar *sobre* a mesma; ensinar *para* resolver problemas de matemática e ensiná-la *por meio* da resolução de problemas.

Passamos, então, a discorrer sobre essas três perspectivas.

Ensinar sobre resolução de problemas matemáticos

Ensinar sobre resolução de problemas significa trabalhar esse assunto como um novo conteúdo matemático, como uma teoria. Essa concepção se deu com o movimento da Matemática Moderna, uma vez que o desencanto de professores e educadores matemáticos com o fracasso da aprendizagem de matemática nesse movimento levou-os a buscarem outras alternativas para o ensino dessa disciplina. Assim, passaram a trabalhar com heurísticas como as de Polya, que não são mais do que procedimentos destinados a resolver um problema usando regras que possibilitem chegar rapidamente à solução ou aproximar-se dela (PINTO, 2003).

Para Schroeder e Lester (1989), o professor que ensina sobre resolução de problemas realça exatamente o modelo de Polya, ou alguma variação dele. Esse modelo descreve um conjunto de quatro fases interdependentes, que se propõem a resolver problemas matemáticos: compreender o problema; elaborar um plano; executar o plano, e finalmente retornar ao problema original, para avaliar a validade da solução encontrada. Em resumo, estas fases se caracterizam pelos aspectos que descrevemos no quadro a seguir.

Quadro 1 - Fases do Processo de resolução de problemas segundo Polya

		COMPREENSÃO DO PROBLEMA
PRIMEIRO	É preciso compreender o problema.	É preciso que o aluno compreenda o problema, descrevendo as relações entre dados e incógnitas, podendo usar figuras, diagramas ou adotar uma notação que julgue adequada.
		ELABORAÇÃO DE UM PLANO
SEGUNDO	Encontre a conexão entre os dados e a incógnita.	Baseando-se em conhecimentos já adquiridos ou considerando problemas auxiliares, o aluno deve procurar encontrar uma conexão imediata com um problema correlato. É preciso chegar, afinal, a um plano de resolução.
		EXECUÇÃO DO PLANO
TERCEIRO	Execute o seu plano.	Esta pode ser a parte mais fácil do processo desde que as fases anteriores estejam corretas. Por outro lado, somente executando seu plano, verá o aluno a necessidade de correções às etapas anteriores.
		VALIDAR A SOLUÇÃO
QUARTO	Verifique a solução obtida.	Examinar a solução obtida, nesta fase, poderá ser revisado todo o processo e perceber se existe um modo diferente para o problema ser resolvido.

Sintetizando essas quatro fases, podemos descrevê-las de acordo com as ideias de Polya (1986), a saber: a primeira fase está ligada à compreensão do problema, quando é muito importante fazer questionamentos, identificar a incógnita do problema e verificar quais são os dados apresentados; a segunda envolve a construção de uma estratégia de resolução e necessita do estabelecimento de conexões entre os dados e a incógnita; a terceira fase relaciona-se à execução da estratégia; e, por fim, a quarta envolve a validação da solução, quando é feito o exame da solução obtida e a verificação dos resultados e argumentos utilizados.

Percebemos que resolução de problemas no ensino tem sido foco de pesquisas na área da Educação Matemática em muitos países. Krulik e Reys, em 1980, organizaram e lançaram o livro do ano do NCTM, inteiramente dedicado a temas relacionados à resolução de problemas intitulado *Problem solving in school mathematics* e traduzido para o português por Hygino H. Domingues e Olga Corbo, em 1995. Segundo Krulik e Reys (1998), em quase todos os artigos desse livro, é perceptível a forte ênfase que se dava às heurísticas como forma de guiar os alunos na resolução de problemas e que as ideias apresentadas exerciam forte influência sobre as orientações para a implementação da resolução de problemas em sala de aula.

O primeiro artigo do referido livro é um texto de George Polya, de 1945, que caracteriza o homem como o animal que resolve problemas. O autor compreende a inteligência essencialmente como a habilidade para resolver problemas e afirma ser a matemática o único assunto, na escola secundária, em que o professor pode propor problemas em nível científico e os alunos podem resolvê-los. Suas ideias geraram discussões sobre a questão da resolução de problemas em matemática, com seu clássico *How to solve it*, traduzido em 1949, no Brasil – considerado, talvez, o primeiro importante texto entre os trabalhos com normas essencialmente voltadas a ensinar sobre resolução de problemas.

Ensinar para resolver problemas de matemática

A frustração resultante do ensino da Matemática Moderna contribuiu para o início de uma fase em que novas linhas foram propostas com o intuito de promover mudanças, e via-se a resolução de problemas como uma possível solução para os problemas encontrados no ensino da disciplina. Thompsom (1988; 1989)

trata das dificuldades em relação a esse tema e reitera as ideias de Schoenfeld (1985), segundo o qual as razões para a constatação da complexidade de aprender e ensinar resolução de problemas são devidas às muitas interconexões que o aprendiz precisa fazer entre:
a) seu conhecimento matemático (conceitos, fatos e procedimentos);
b) heurísticas (métodos e regras para resolução de problemas);
c) controle dos mecanismos necessários para gerenciar recursos e processos;
d) crenças dos alunos sobre a natureza da matemática, em geral, e sobre a resolução de problemas em particular.

Segundo Schroeder e Lester (1989), ao ensinar para resolver problemas de matemática o professor se concentra sobre modos em que a matemática que está sendo ensinada pode ser aplicada na resolução tanto de problemas rotineiros como de não rotineiros. Embora a aquisição do conhecimento matemático seja de primeira importância, o propósito principal para aprender matemática é o de ser capaz de usá-la. Portanto, aos estudantes são dados muitos exemplos de conceitos sobre o que eles estão estudando e muitas oportunidades para aplicar a matéria estudada na resolução de problemas.

O professor que ensina para resolver problemas está muito preocupado com a habilidade dos estudantes em saber transferir o que eles aprenderam no contexto de um problema para outros. Um grande risco do uso desse aspecto é que ele pode levar a ver a resolução de problemas apenas como uma atividade que os alunos só podem realizar depois da introdução de um novo conceito ou depois de praticar certas habilidades.

Van de Walle (2001) dá a esse tipo de visão o nome de paradigma do *teach-then-solve* (ensine–então–resolva), no qual há uma nítida separação entre o que é ensinar matemática e o que é resolver problemas. Ele afirma ainda que, nesse caminho, tradicionalmente o professor inicia o trabalho apresentando o novo conteúdo e mostrando, em seguida, algumas aplicações por meio de exemplos. Depois, o professor dá uma imensa lista de exercícios de fixação, ao qual o aluno deverá aplicar o novo conhecimento. Esse caminho de ensino distancia o aluno do seu aprendizado autônomo, o que, para Van de Walle, deveria começar "onde o aluno está", isto é, partindo do que ele já sabe, ou seja, dos seus conhecimentos prévios.

Nessa mesma linha de investigação, Allevato (2005) citando Brasil (1964) explica que tradicionalmente o problema ou a atividade era dada(o) pelo professor na verificação e fixação da aprendizagem, qual os alunos geralmente fracassavam pela falta de estabilidade dos conhecimentos adquiridos sem funcionalidade inteligível.

Porém, atentando novamente para a história, notamos que o problema antecede as descobertas, ele é o provocador dos estudos e o orientador das construções teóricas. Desse modo, o autor acima citado questiona: Por que, no ensino da matemática, especialmente, invertemos a ordem natural das coisas? E ele mesmo responde dizendo que o professor costuma iniciar expondo a teoria que, historicamente, estruturou-se na resolução de uma sequência de problemas; depois, mostra sua aplicação na resolução de alguns problemas que, então, passam a ser empregados como meio de verificar se o aluno aprendeu a aplicar a teoria, ou como exercício para a fixação da aprendizagem.

Acreditamos que outra resposta para tal pergunta possa estar relacionada à maneira como o professor foi educado quando aluno, reproduzindo os modos como seus professores trabalhavam os conceitos matemáticos em sala de aula e, também, talvez pelo medo de sair da chamada zona de conforto, já que, ao modificarem suas estratégias de ensino, ficariam expostos a novos e inesperados questionamentos dos alunos.

Outro aspecto ressaltado por Onuchic (1999) no ensino de matemática, ao dizer que a resolução de problemas foi baseada na aplicação e no domínio de procedimentos e estratégias, é o fato de que muitos entenderam que esse posicionamento seria atingido pela repetição. No ensino por repetição, o aluno era submetido a uma série de listas de problemas semelhantes uns aos outros, por meio dos quais ele treinava uma determinada técnica ou estratégia de resolução. Essas listas eram constituídas de problemas do mesmo tipo e que podiam ser resolvidos de modo semelhante, e os alunos visavam promover a fixação do caminho adotado para chegar à solução. Ademais, se o aluno repetisse, nas avaliações, o que o professor havia feito, concluía-se que o aluno tinha aprendido.

Ainda nesse raciocínio, Onuchic esclarece esse mesmo aspecto, dizendo que a repetição de uma estratégia ou técnica operatória, mesmo que realizada corretamente, não garante a compreensão do conceito ou conteúdo matemático envolvido.

Ensinar matemática por meio da resolução de problemas

A partir da última década do século XX, somos confrontados com outro foco do uso da resolução de problemas no currículo escolar: ensinar matemática por meio da resolução de problemas. Nesse sentido, Beatriz D'Ambrósio (2003) destaca um capítulo do livro do NCTM, no qual Schroeder e Lester (1989) disseram que, se o objetivo da resolução de problemas é desenvolver a compreensão de matemática nos alunos, ensinar por meio dela é a abordagem mais apropriada. Eles argumentaram que defensores dessa abordagem consideram-na não como um tópico ou parte de conteúdo, mas uma metodologia de ensino e aprendizagem.

Hoje, este enfoque é referido como ensinar matemática por meio da resolução de problemas. A influência das visões de Polya (1981), citado por Beatriz D'Ambrósio (2003), na resolução de problemas como a arte da descoberta, é evidente nessa visão do papel de tal abordagem no currículo escolar. Nessa concepção, os problemas servem para introduzir ou desenvolver conceitos de matemática.

Proponentes do ensino da matemática por meio da resolução de problemas baseiam sua proposta na noção de que alunos que confrontam situações problemáticas usam seus conhecimentos prévios para resolver aqueles problemas e de que, no processo de resolução de problemas, constroem novo conhecimento e nova compreensão.

Para Schroeder e Lester (1989), ao ensinar matemática por meio da resolução de problemas, os problemas não são encarados somente como um propósito para aprender matemática, mas também como um meio importante de fazer isso. Um objetivo para aprender matemática é o de transformar certos problemas não rotineiros em rotineiros, isto é, propor problemas que avaliem as atitudes, os procedimentos e a forma como os alunos administram seus conhecimentos. A aprendizagem de matemática, dessa maneira, pode ser vista como um movimento do concreto (um problema do mundo real, que serve como exemplo do conceito matemático ou da técnica matemática) para o abstrato (uma representação simbólica de uma classe de problemas e técnicas para operar com estes símbolos).

Por isso, o ensino de matemática por meio da resolução de problemas é considerado importante. Ele nos oferece uma oportunidade de conhecer e delinear as dificuldades, de avaliar as capacidades e limitações do conhecimento matemático que os alunos possuem. O ensino por meio da resolução de problemas enfatiza os processos de pensamento, nas ações de aprendizagem, além de trabalhar os conteúdos matemáticos, cujo valor não deve ser posto de lado.

Nesse sentido, a resolução de problemas pode ser compreendida como uma metodologia de ensino-aprendizagem-avaliação, que se inicia no momento em que o professor propõe ao aluno situações-problema, caracterizadas por investigação e exploração de novos conceitos. Ao utilizar essa metodologia, existe também a possibilidade de o aluno formular problemas tornando a matemática um conhecimento mais próximo desse educando.

A expressão "ensino-aprendizagem" dentro dessa metodologia deve ter um significado muito importante, pois se espera que estes dois processos aconteçam simultaneamente. O aluno sendo coconstrutor do conhecimento e a "avaliação" relacionada ao processo de ensino, visando à verificação da aprendizagem focada nos processos de resolução de problemas, e não nos resultados, mas sim na evolução dos alunos. De acordo com Kilpatrick e Silver (2000), quando a avaliação está relacionada e integrada ao ensino, ela se torna uma excelente oportunidade para o professor aprender sobre o que seus alunos sabem e podem fazer. E é essencial que o aluno, nesse contexto, faça sua autoavaliação com o objetivo de conduzir e aumentar sua aprendizagem.

Segundo Pinheiro (2005), o uso da resolução de problemas, no ensino da matemática, deve voltar-se para o estabelecimento do pensamento criativo. Contudo, de acordo com a autora, para que tal fato venha a ocorrer, as estratégias de ensino não podem conduzir o aluno a atividades meramente reprodutivas, nas quais os problemas são agrupados de forma a seguir um modelo previamente existente. O objetivo maior ao se trabalhar com a resolução de problemas na matemática é levar o educando a entender essa resolução como um processo, em que o principal interesse está no raciocínio desenvolvido e não somente na resposta encontrada.

Onuchic (1999) defende que ensinar estratégias de resolução de problemas melhora a atuação dos estudantes; estes devem ser participantes ativos de todo o processo de construção do conhecimento e devem ter amplas oportunidades para resolver uma grande variedade de problemas propostos. A autora relata ainda que ensinar matemática por meio da resolução de problemas não significa, simplesmente, apresentar um problema, sentar-se e esperar que uma mágica aconteça. Cabe ao educador proporcionar um ambiente favorável, no qual o educando se sinta motivado e estimulado a envolver-se nas situações propostas, para que ele o insira num processo criativo e reflexivo, que possibilite a tomada de decisões, o planejamento, a execução e a avaliação, visando à solução do problema.

Para Van de Walle (2001), o trabalho de ensinar deve iniciar-se sempre onde estão os alunos, ao contrário da forma tradicional em que o ensino parte de onde estão os professores, ignorando-se o que eles trazem consigo para a sala de aula. Nesse sentido, a aprendizagem será uma consequência do processo de resolução de problemas.

No contexto do trabalho com a metodologia de ensino-aprendizagem por meio da resolução de problemas, é importante que o professor tenha considerável conhecimento, visando a um trabalho centrado no aluno, que fica sob a orientação e a supervisão do professor que, somente no final do processo de construção, formalizará as novas ideias construídas.

Entretanto, Schroeder e Lester (1989) ressaltam que, embora na teoria os três modos de conceber e abordar a resolução de problemas (ensinar sobre, para e por meio de) possam ser separados, na prática eles se superpõem e podem acontecer em várias combinações e sequências. Porém, neste capítulo, optamos por investigar mais especificamente a resolução de problemas como metodologia de ensino-aprendizagem, ou seja, *por meio dela* – por acreditarmos que tal vertente pode trazer grandes contribuições para a construção do conhecimento do aluno, assim como pode promover o desenvolvimento profissional dos professores, já que pode ser considerada como mais um meio de contribuir para a sua prática docente.

O papel do professor no trabalho com a resolução de problemas no processo de ensino-aprendizagem de matemática

Atualmente, podemos verificar que, tanto na comunidade de especialistas em educação matemática quanto nas orientações e propostas curriculares oficiais, existe uma concordância de que metodologias diferenciadas devem fazer parte significativa da atividade docente como importante componente curricular da educação básica (BRASIL, 1998).

Nesse novo cenário de práticas educativas, Romanatto (2008) coloca que a resolução de problemas se apresenta como um dos caminhos mais promissores para o "fazer matemática" dentro da sala de aula. É fato que toda disciplina tem um corpo de conhecimento e uma especificidade. No caso da matemática, segundo esse autor, essa lógica peculiar é a resolução de problemas. É o que postulava Descartes (1637): "[...] não nos tornaremos matemáticos, mesmo que decoremos todas as demonstrações, se o nosso espírito não for capaz, por si, de resolver qualquer espécie de problema"[3].

---
3 DESCARTES, 1999, p. 7.

Desse modo, devemos destacar que propomos a resolução de problemas na sua visão mais moderna, qual seja, a de uma metodologia de ensino para se aprender os conteúdos matemáticos. É recente na educação matemática a utilização da resolução de problemas como estratégia metodológica no trabalho docente. Em termos históricos, Polya (1986) propunha transformar os estudantes de matemática em bons "resolvedores" de problemas. Avanços e recuos a respeito dessa proposta de trabalho com a matemática surgiram, mas a sua essência sempre foi sustentada, ou seja, para ele ensinar o aluno a pensar resolvendo problemas era o objetivo principal do ensino dessa disciplina.

A partir de 1990, emerge um novo viés da resolução de problemas que passa a ser divulgado na literatura sobre educação matemática, assim como em propostas oficiais tanto do ensino fundamental como do ensino médio.

A proposta sugerida por Onuchic (1999) aos professores tem características bem distintas daquela idealizada por Polya, uma vez que as situações-problema são tomadas como desafios que permitem aos estudantes a possibilidade de construir ou adquirir o conhecimento de conceitos, princípios e procedimentos matemáticos. Nesta proposta, valorizam-se os conhecimentos prévios dos alunos no processo de construção do conhecimento, uma vez que eles são desafiados a definir suas próprias estratégias de resolução para cada uma das novas situações apresentadas, baseando-se nos conhecimentos já formalizados anteriormente.

Contudo, é fundamental destacar que aspectos da resolução de problemas tradicional são incorporados por essa nova perspectiva, enfatizando o avanço muito significativo nessa nova forma de concebê-la.

Segundo Romanatto (2008), a resolução de problemas é uma parte integrante de todo aprendizado matemático, então ela não deveria ser tratada como uma parte isolada do programa de matemática. A resolução de problemas na matemática deve abranger todos os níveis de ensino da escolarização básica, e os contextos dos problemas devem relacionar-se a situações da vida dos estudantes ou do dia a dia escolar, bem como às ciências do mundo do trabalho.

No entanto, reconhecemos que nem toda matemática deve e necessariamente precisa ser trabalhada de forma contextualizada.

Faz-se necessário, também, considerar a possibilidade da construção de significados com base em questões internas da própria matemática, caso contrário, segundo Vasconcelos e Rego (2010), muitos conteúdos seriam descartados por não terem aplicabilidade concreta e imediata. Assim, problemas relacionados à matemática abstrata também devem ter destaque no trabalho com os alunos da educação básica.

Dante (1989) aponta algumas razões pelas quais os professores deveriam se utilizar da resolução de problemas em sala de aula: resolver problemas faz com que o aluno pense de forma produtiva, desenvolve seu raciocínio, ensina o aluno a enfrentar situações novas, torna as aulas mais interessantes e desafiadoras, equipa o aluno com estratégias para resolver problemas e dá condições para que as pessoas possam entender o mundo matematicamente organizado.

Além dessas razões, Vianna (2002) também destaca que a utilização da resolução de problemas em sala de aula contribui para o desenvolvimento da capacidade do aluno de elaborar perguntas e formular conjecturas, isto é, exige dos alunos uma participação ativa no que diz respeito à comunicação e expressão de seu modo de pensar, a trabalhar em grupo e, principalmente, a possibilitar o desenvolvimento da habilidade de fazer generalizações.

A resolução de problemas, tendência da educação matemática como ensino e pesquisa, considera os alunos como participantes ativos do processo de aprendizagem. A caracterização de educação matemática, em termos de resolução de problemas, reflete uma tendência de reação às caracterizações passadas como um conjunto de fatos, domínio de procedimentos algorítmicos ou um conhecimento a ser obtido por rotina ou por exercício mental. Hoje, a tendência é caracterizar esse trabalho considerando os estudantes como participantes ativos, os problemas como instrumentos precisos e bem definidos e a atividade na resolução de problemas como uma coordenação complexa simultânea de vários níveis de atividade (ONUCHIC; ALLEVATO, 2004).

Apesar da ênfase dada à resolução de problemas como metodologia de ensino-aprendizagem na década de 1980, e dos avanços e apoios atuais, ainda há muitas barreiras a serem ultrapassadas para que ela seja utilizada no processo educativo. De acordo com os PCN (BRASIL, 1998), entre os obstáculos que a educação no Brasil enfrenta com relação ao ensino de matemática podemos citar: a falta de uma formação profissional de qualidade e de políticas educacionais efetivas, as restrições referentes às condições de trabalho, e as interpretações errôneas a respeito das concepções pedagógicas.

Um problema sério a ser enfrentado para que seja possível uma reforma do ensino como a pretendida pelos PCN, reside na formação dos professores e em seu trabalho em sala de aula. Segundo L. C. Freitas (2002), a grande preocupação de muitos pesquisadores em educação matemática está em: como levar os professores de matemática a incluírem numerosas experiências com resolução de problemas em suas salas de aulas, para que seus alunos possam aprender matemática com entendimento e de forma significativa? Nenhuma intervenção no processo de ensino-aprendizagem pode fazer mais diferença do que um professor bem-formado, inteligente e hábil. A formação do professor tem um efeito direto na aprendizagem dos alunos, pois ninguém despende tanto tempo ou tem tanta influência sobre os alunos quanto os próprios docentes.

Contudo, apesar de a proposta dos PCN estar de acordo com as tendências atuais em educação matemática, ainda há pouca discussão quanto à sua operacionalização em sala de aula, e essa é justamente a preocupação de muitos professores de matemática. Os PCN não devem ser vistos como um pacote pedagógico, mas como orientações curriculares feitas e refeitas na prática escolar (FREITAS, L. C., 2002).

Quando o professor toma a resolução de problemas como instrumento principal para o desenvolvimento da aprendizagem, sua função deve ser a de incentivador, facilitador, mediador das ideias apresentadas pelos alunos, de maneira que estas sejam produtivas, levando os estudantes a pensarem, refletirem e a construírem seus próprios conhecimentos (SOARES; PINTO, 2001).

Ainda, segundo Soares e Pinto (2001, p. 7), o professor "deve criar um ambiente de cooperação, de busca, de exploração e descoberta, deixando claro que o mais importante é o processo e não o tempo gasto para resolvê-lo ou a resposta final". Contudo, acreditamos que o processo de exploração e descoberta e a resposta final do problema devem ser considerados como importantes, sem muita diferenciação entre eles.

Dado um problema para ser resolvido em grupo ou individualmente, é importante que o professor (SOARES; PINTO, 2001):
- Permita sua leitura e compreensão.
- Proporcione a discussão entre os alunos para que todos entendam o que se busca no problema.
- Propicie a verbalização.
- Não responda diretamente as perguntas feitas durante o trabalho e sim incentive os alunos com novos questionamentos, ideias e dicas.
- Após a determinação da solução pelos alunos, discuta os diferentes caminhos de resolução, incentivando para soluções variadas.
- Também discuta soluções errôneas.
- Estimule a verificação.

Dante (1988) recomenda que sejam apresentadas diversas estratégias para a resolução de problemas de maneira que o aluno possa ter em suas mãos uma diversidade de possibilidades para suas ações diante do problema. São elas:
a) utilizar métodos de tentativa e erro;
b) buscar padrões ou generalizações;
c) resolução inicial com problemas mais simples.

O autor ainda destaca alguns cuidados para evitar desmotivações e frustrações durante o trabalho com a resolução de problemas, a saber: não utilizar longas listas de problemas, pois podem contribuir para a diminuição de interesse pelos alunos, além disso constantes repetições são frustrantes.

Com isso, para evitar essas atitudes, convém apresentar poucos problemas com níveis de dificuldades distintos e aplicação de diferentes estratégias; a linguagem não deve ser rebuscada, evitando o não entendimento do problema. Convém também permitir o uso de materiais concretos quando necessário; evitar valorizar a resposta em detrimento de todo o processo para determiná--la; incitar as descobertas do aluno, a diversidade de estratégias empregadas, o relato das dificuldades, a análise e a verificação da solução, a elaboração de novos problemas e a identificação do erro, para que por meio dele possa compreender melhor o que deveria ter sido feito.

Sendo assim, acreditamos que o professor deve propor situações-problema que favoreçam a produção do conhecimento, nas quais o aluno seja participante ativo do processo e compartilhe seus resultados, analisando e refletindo sobre suas respostas – enfim, "aprendendo a aprender" de forma autônoma.

Em vez de trabalhar sobre resolução de problemas separadamente do contexto dos conteúdos matemáticos, defendemos que os professores deveriam introduzir problemas significativos no trabalho com os diferentes conteúdos, uma vez que, quando estes integrem a resolução de problema no contexto de situações matemáticas, os alunos tenham a possibilidade de reconhecer a utilidade das estratégias e também de utilizar seus conhecimentos prévios. Os professores, ao escolherem problemas específicos para introduzir os conceitos matemáticos, provavelmente levariam os alunos a utilizar e possivelmente criar estratégias particulares, possibilitando assim o desenvolvimento de certas ideias matemáticas.

Mas, afinal, qual o papel do professor ao propor o ensino de matemática por meio da resolução de problemas?

É de fundamental importância que o professor tenha consciência de que um de seus principais deveres é o de auxiliar seus alunos, o que não é uma tarefa fácil, uma vez que exige tempo, prática, dedicação e princípios firmes.

Dessa forma, atento a sua função de orientador e dando oportunidades aos alunos de pensarem e de agirem com autonomia, o professor possibilitará uma educação matemática mais significativa, pela qual eles sejam capazes de refletir sobre suas próprias ações. Isto não significa que o professor deva deixar os alunos sem orientação, pois "se o aluno for deixado sozinho, sem ajuda ou auxílio suficiente, é possível que não experimente qualquer progresso" (POLYA, 1986, p. 1).

Mas, para que o professor oriente bem os seus alunos, consideramos imprescindível encará-los como "sujeitos ativos, que organizam sua aprendizagem de modo racional, permitindo, assim, ao aluno gerar respostas que não foram necessariamente ensinadas pelo professor" (CARRAHER, 1990, p. 20).

Por outro lado, Moreno (2006) afirma que não basta o professor proporcionar situações em que os alunos atuem na construção do saber, sendo importante também que se favoreça a análise, a discussão e a confrontação de resultados que possam surgir durante o processo e no término da resolução dos problemas.

Acreditamos, então, que o professor, ao favorecer a construção do saber por parte do aluno, deve não apenas estimulá-lo a atuar sobre o conhecimento, mas é imprescindível que o professor perceba que "tanto os erros quanto acertos podem ser gerados por um processo de raciocínio" (CARRAHER, 1990, p. 21).

Desse modo, é necessário ao professor reconhecer, aceitar e valorizar as possibilidades de resoluções criadas pelos alunos, para que assim eles se percebam ativos na construção da aprendizagem e desenvolvam a sua criatividade. O professor deve, então, de acordo com Moreno (2006), tolerar a diversidade e a instabilidade dos saberes dos seus alunos, dando-lhes várias oportunidades de enfrentar situações que criam dificuldades.

Com essas considerações, evidenciamos que o destaque à resolução de problemas vem aumentando com o passar dos anos e observamos que essa tendência no ensino da matemática no Brasil, nos últimos anos, tem chamado muita atenção. Esse fato pode ser comprovado no próprio texto dos Parâmetros Curriculares Nacionais de Matemática (BRASIL, 1998, p. 40):

A resolução de problemas, na perspectiva indicada pelos educadores matemáticos, possibilita aos alunos mobilizar conhecimentos e desenvolver a capacidade para gerenciar as informações que estão ao seu alcance. Assim, os alunos terão oportunidade de ampliar seus conhecimentos acerca de conceitos e procedimentos matemáticos, bem como de ampliar a visão que têm dos problemas da matemática, do mundo em geral e desenvolver sua autoconfiança.

Contudo, os PCN não tratam da resolução de problemas admitindo os alunos como coconstrutores do conhecimento, tendência marcada no período posterior a Polya. Há apenas o apoio para a utilização da resolução de problemas durante o processo de ensino-aprendizagem, mas não diretamente como metodologia.

Mas, fundamentalmente, o Sistema de Avaliação do Rendimento Escolar do Estado de São Paulo (Saresp) também busca avaliar a competência do aluno na resolução de problemas, o que implica a medida da capacidade de o aluno analisar, raciocinar, resolver e comunicar as soluções numa variedade de situações (SÃO PAULO, 2008).

Desse modo, para evitar a simples reprodução de procedimentos e o acúmulo de informações desconexas, educadores matemáticos apontam a utilização da resolução de problemas como ponto de partida para o ensino da matemática. Essa opção metodológica traz a possibilidade de que o conhecimento matemático ganhe mais sentido quando são apresentadas aos alunos situações desafiadoras para resolver e desenvolver estratégias de resolução.

Os PCN evidenciam a ideia de que os conhecimentos e as habilidades referentes à aprendizagem dos conceitos matemáticos podem ser expandidos com a utilização sistemática da resolução de problemas em sala de aula, proporcionando assim uma ampliação das atividades cognitivas inerentes a esses tipos de procedimentos. Ou seja, há uma transferência de olhares principalmente por parte dos professores que, na maioria das vezes, valorizam mais a resposta dada em detrimento do processo de resolução. É o que reforçam os PCN (BRASIL, 1998, p. 42) quando nos dizem:

> Resolver um problema não se resume em compreender o que foi proposto e em dar respostas aplicando procedimentos adequados. Aprender a dar uma

resposta correta, que tenha sentido, pode ser suficiente para que ela seja aceita e até seja convincente, mas não é garantia de apropriação do conhecimento envolvido. Além disso, é necessário desenvolver habilidades que permitam provar os resultados, testar seus efeitos, comparar diferentes caminhos para obter a solução. Nessa forma de trabalho, a importância da resposta correta cede lugar à importância do processo de resolução.

Dessa forma, acreditamos que a utilização da resolução de problemas, nos moldes que as orientações curriculares propõem, pode trazer grandes contribuições tanto para o desenvolvimento cognitivo quanto para a autoestima dos alunos, já que, ao mudar o foco do trabalho em sala de aula, a saber, dos resultados para os processos de resolução dos estudantes, estes podem se sentir motivados a desenvolver as atividades sem a "preocupação" com o produto final certo ou errado, uma vez que a trajetória da resolução será valorizada e analisada.

A resolução de problemas na formação docente

A formação de professores deve priorizar a concretização de práticas pedagógicas no ensino da matemática para que a própria disciplina se torne um caminho que estimule o pensar, organizar, analisar, refletir e tomar decisões, uma vez que a matemática não é apenas uma ferramenta que norteia a resolução de problemas. Ela é um instrumento que visa ao favorecimento da aprendizagem dos alunos, não somente no trabalho com algoritmos, mas também com a incorporação do hábito da argumentação crítica e da tomada de decisões, por meio da transferência do pensamento matemático, para sua realidade vivenciada.

Além disso, Callejo e Vila (2004) ressaltam que, para se trabalhar com essa metodologia de ensino-aprendizagem-avaliação, é necessária uma formação contínua e permanente da equipe de professores de matemática da escola e de um trabalho colaborativo dessa equipe.

Nesse sentido, entendemos que a proposta do trabalho com a resolução de problemas a se desenvolver na sala de aula não se resolve sugerindo aos professores instruções mais específicas por meio de manuais ou cursos. É indispensável, entretanto, uma profunda mudança na formação, tanto inicial como continuada, dos professores.

De acordo com Romanatto (2008, p. 6), é bastante plausível acreditar que o futuro professor, ao aprender (principalmente na formação inicial) conteúdos matemáticos por meio da resolução de problemas, terá mais facilidade de utilizar esse procedimento didático em seu trabalho docente:

> Enquanto no ensino habitual, o professor parece ter mais controle sobre o processo ensino-aprendizagem, na resolução de problemas o docente deixa quase que necessariamente essa aparente situação de conforto, pois essa metodologia de ensino coloca o trabalho docente na perspectiva de um fenômeno complexo.
>
> Nesse sentido, em uma aula de resolução de problemas, o professor deve estar preparado para o aleatório, o imprevisto, o inesperado, o não pensado, enfim, a situações que exigem iniciativa, criatividade, assim como tomada de decisões para superá-las.

Contudo, o trabalho na perspectiva da resolução de problemas tem uma condição essencial que deve ser exercida pelo professor: um amplo domínio do conteúdo específico matemático (ZYLBERSZTAJN, 1998).

No entanto, percebe-se que esse amplo domínio, com frequência, não é o que realmente acontece. Isso pode estar relacionado com o processo de formação, pois durante a sua escolarização (educação básica), ele pode não ter tido um aprendizado de tais conteúdos de maneira significativa e esse *deficit* pode ser levado para a graduação, dificultando a atribuição de sentido às disciplinas estudadas, à percepção de relações existentes entre elas e os tópicos do ensino fundamental e médio, e dificultando também o questionamento dos conceitos a eles apresentados durante toda a sua formação.

Para Carvalho e Gil-Pérez (2000), é fundamental que o professor conheça fortemente os conteúdos a serem ensinados, isto é:
a) identifique os grandes problemas que determinaram a construção de tais conteúdos;
b) verifique as metodologias utilizadas na sua elaboração;
c) reconheça os seus obstáculos epistemológicos ou didáticos;

d) saiba escolher conteúdos adequados que, além de serem acessíveis aos alunos, despertem seus interesses;
e) tenha conhecimento dos estudos e pesquisas matemáticas recentes;
f) esteja preparado para aprofundar seus conhecimentos, e disposto a adquirir outros. Desse modo, o domínio do conteúdo para quem vai ensinar precisa ser bem mais amplo do que aquele para quem vai unicamente utilizar o conteúdo, isto é, os estudantes não precisam ser formados como especialistas na área.

Outro ponto a ser destacado é que, no trabalho docente com a resolução de problemas, deve ser clara a mudança na postura do professor, já que, ao invés de pedir aos alunos que perguntem para que ele responda, o que ocorre é o inverso: o professor questiona e os estudantes são estimulados a responder.

Esses mais diversos aspectos, apresentados na proposta de ensino da matemática por meio da resolução de problemas, precisariam ser experienciados pelos professores em sua formação (inicial e continuada) para que não se corresse o risco de que a aplicação de tal proposta ficasse comprometida, uma vez que, nesse caso, teoria e prática devem ser indissociáveis para que o trabalho docente tenha chances de sucesso.

Desse modo, respaldados pela literatura, defendemos que a formação inicial e a continuada de professores devem priorizar a concretização de práticas educacionais – mais especificamente a metodologia de ensino-aprendizagem – que contribuam para o processo de ensino-aprendizagem da matemática, favorecendo assim a aprendizagem dos alunos, e para o desenvolvimento profissional docente, possibilitando inovações em sua atuação em sala de aula.

Capítulo V.

A literatura infantil e a criança no contexto da alfabetização e do letramento

Maria Iolanda Monteiro[*]

Pesquisas no campo da formação docente têm revelado que professores dos anos iniciais ainda apresentam dificuldades relacionadas à atuação profissional, principalmente, no ensino da leitura e escrita. Os dados de pesquisas mostram que os cursos de formação inicial e continuada de professores não estão oferecendo subsídios teóricos e práticos para a segurança no exercício da docência, enfraquecendo as possibilidades de aprimoramento das práticas pedagógicas e da construção de um estilo de ensino.

O estudo de Monteiro (2008) sobre as representações e dificuldades do trabalho pedagógico de 100 professoras dos anos iniciais do ensino fundamental, que frequentaram cursos de formação continuada, como o de licenciatura em pedagogia e os oferecidos pelas secretarias municipais e estaduais, realizados no período de 2000 a 2003, coloca tal realidade em relevo:

> [...] aspectos que precisariam ser garantidos nos cursos de formação de professores, como a apropriação de conteúdos e conceitos básicos das áreas de conhecimento,

---

[*] Professora do Departamento de Teorias e Práticas Pedagógicas e do Programa de Pós-Graduação em Educação, da UFSCar.

o (re)conhecimento das contribuições dos conteúdos escolares, o desenvolvimento de habilidades mentais específicas das áreas, a condição criativa de atuar com autonomia intelectual e a capacidade de trabalhar com o coletivo.[1]

Além dessas questões, a pesquisa identifica concepções de leitura das professoras investigadas, comprometidas com o desenvolvimento de uma leitura significativa e com a decodificação da mensagem, objetivando à viabilização de práticas sociais de leitura e escrita (SOARES, 2004). "Apesar do compromisso em desenvolver práticas mais críticas, as professoras realizam situações de ensino repetitivas, faltando-lhes novas (re)criações" (MONTEIRO, 2008, p. 198).

As pesquisas abordadas no livro que retrata investigação com professores no início da escolarização, organizado por Marin, Giovanni e Guarnieri (2009), evidenciam também que, para ocorrerem as mudanças na atuação docente, há a urgência de existirem situações e condições formativas inerentes às necessidades de desenvolvimento profissional do educador. Essas mudanças referem-se ao trabalho dos docentes envolvidos nas pesquisas citadas e no trabalho dos professores universitários que acompanharam o processo. Revelam ainda lacunas formativas que foram suprimidas, a partir da construção do projeto político-pedagógico por todos os participantes.

Para ressaltar um enfoque relacionado à formação e ao trabalho docentes, especificamente ao ensino da leitura e escrita, recorre-se à pesquisa de Monteiro e Silva (2010), que focaliza as contribuições para pensar as práticas de leitura e escrita de professoras das séries iniciais do ensino fundamental, considerando a interface entre aspectos linguísticos e dificuldades no processo de alfabetização. A investigação das autoras faz emergir novamente a discussão a respeito da natureza do ensino da leitura e escrita.

A pesquisa junto às professoras alfabetizadoras foi desenvolvida no âmbito de um trabalho que compunha um módulo específico de um curso de formação continuada, da Secretaria

---
1 MONTEIRO, 2008, p. 203.

de Educação do Estado de São Paulo, chamado Teia do Saber, em 2007, sob a responsabilidade da Faculdade de Ciências e Letras da Unesp (*campus* Araraquara-SP). Envolveu 20 professoras efetivas e cinco eventuais, que atuam nas séries iniciais do ensino fundamental na rede pública do estado de São Paulo, em escolas da região de Araraquara, com média de oito anos e meio de experiência no magistério (MONTEIRO; SILVA, 2010, p. 426).

Os dados são representativos para reforçar a necessidade da introdução de práticas de ensino que promovam experiências bem--sucedidas, na área da Alfabetização e do Letramento, distanciando-se de práticas mecânicas e insignificativas para a formação do leitor e escritor crítico (CAGLIARI, 1995; MONTEIRO, 2010).

> De modo geral, as professoras investigadas mencionaram dificuldades em: a) fazer a articulação do conhecimento da escrita e da leitura de cada criança; b) promover o uso adequado das características dos vários gêneros discursivos, na linguagem oral e escrita; c) obter a produção de textos considerados coesos e coerentes; d) lidar com as dificuldades relativas às regularidades e irregularidades ortográficas do sistema de escrita; e) lidar com a relação da linguagem, tida como padrão pela escola e a variação linguística do aluno; f) fazer a relação dos processos de avaliação necessários ao conhecimento das dificuldades de seus alunos com a organização das práticas de leitura e escrita mais focadas aos problemas surgidos.[2]

Conforme a revelação de Monteiro e Silva (2010), percebe--se que escola e professores apresentam dificuldade para trabalhar com situações de ensino diversificado e para atender a heterogeneidade das salas de aulas. Conforme as participantes da pesquisa,

> [...] essa heterogeneidade exigiria não só uma diversificação de textos, mas também de atividades e, consequentemente, a apropriação pelos estudantes das várias características dos gêneros discursivos e de outras formas de dizer, além daqueles já presentes, normalmente, nos livros didáticos.[3]

As professoras investigadas também revelam que, mesmo reconhecendo a importância do trabalho com vários tipos de

---
2 MONTEIRO; SILVA, 2010, p. 428.
3 *Ibid.*, p. 439.

situações de ensino, muitas vezes apresentam dificuldades para diversificar materiais e procedimentos metodológicos para incentivar e até potencializar práticas de leitura e escrita. Na perspectiva das investigadas, os cursos de formação inicial e continuada não resolvem as situações formativas a contento, pois desenvolvem circunstâncias de ensino ainda pouco compreendidas com as reais dificuldades de leitura e escrita.

A literatura infantil apresenta-se, assim, como um recurso determinante para o desenvolvimento das práticas de leitura e escrita no contexto dos anos iniciais. Nesse sentido, o estudo das possíveis relações entre o processo de alfabetização e letramento e o ensino da literatura infantil evidencia significativos subsídios das linguagens e dos estilos nas várias produções envolvendo contos de fadas, fábulas, poesia para crianças, folclore infantil, histórias infantis, literatura de cordel, histórias em quadrinhos e teatro infantil.

O presente capítulo apresenta, portanto, algumas considerações sobre a formação de professores dos anos iniciais, o ensino da literatura infantil e seu valor para as práticas alfabetizadoras e de letramento. Foram organizados, por consequência, dois momentos de estudo sobre a temática:

a) Leitura, escrita e oralidade na infância: considerando a prática da literatura infantil nos anos iniciais do ensino fundamental.
b) Situações didáticas de leitura e escrita na perspectiva da poesia infantil.

Primeiro, serão apresentadas as principais características da literatura infantil, inserida no contexto dos anos iniciais do ensino fundamental e no processo didático, comprometido com as práticas alfabetizadoras e de letramento. Em seguida, será feita a sistematização de exemplos de situações didáticas, com base na especificidade da poesia infantil, com a intenção de torná-los representativos para o campo do ensino e da aprendizagem da literatura infantil e, consequentemente, para os procedimentos metodológicos da alfabetização.

A prática da literatura infantil nos anos iniciais do ensino fundamental

A discussão apresentada, a respeito da problemática do processo de ensino e aprendizagem da leitura e escrita, elucida alguns caminhos didáticos para a organização do trabalho docente dos anos iniciais. O ensino da leitura e escrita, no presente texto, não se restringe ao espaço da sala de aula, pois abrange a dimensão da prática social. Nesta perspectiva, a didática:

> Investiga os fundamentos, condições e modos de realização da instrução e do ensino. A ela cabe converter objetivos sociopolíticos e pedagógicos em objetivos de ensino, selecionar conteúdos e métodos em função desses objetivos, estabelecer os vínculos entre ensino e aprendizagem, tendo em vista o desenvolvimento das capacidades mentais dos alunos.[4]

O posicionamento teórico de Libâneo (2001) reafirma o papel da didática para garantir a viabilização bem-sucedida da instrução e do ensino. Essas especificidades encaminham, assim, o trabalho docente para comprometer-se com a formação e o desenvolvimento das capacidades cognoscitivas, sendo subsidiadas pela apropriação de conhecimentos sistematizados. Esse processo depende da organização de um conjunto de ações, caminhos, meios e intervenções para que o ensino aconteça, ou seja, para que a ação humana, sua aprendizagem, seja orientada por meio da apropriação do conhecimento, das habilidades e capacidades desenvolvidas.

Outros autores (ANTOLÍ, 2000; CANDAU, 1984; FAZENDA, 2000; VEIGA, 2000a; 2000b) explicitam, com diferentes pesquisas teóricas e/ou práticas, o aporte da didática para o entendimento do caráter político do trabalho docente, da escola e, mais especificamente, do ensino. A seleção do conteúdo, dos exemplos, das atividades e dos materiais pedagógicos vai depender das escolhas do educador, pois o sucesso escolar, ou seja, a aprendizagem está vinculada ao sucesso da preparação da natureza do trabalho docente.

---

4 LIBÂNEO, 2001, p. 25-26.

Retomando, assim, o objetivo inicial deste capítulo, que se refere às práticas de leitura e escrita, recorre-se ao estudo da literatura infantil para o desenvolvimento de experiências de ensino. Contudo, essas situações educativas dependem de projetos formativos de leitores e escritores[5], no contexto dos anos iniciais do ensino fundamental. A situação didática desenvolvida na disciplina "A literatura infantil e a criança no contexto da alfabetização e do letramento", em 2012, do curso de licenciatura em Pedagogia da UFSCar elucida possibilidades de práticas de leitura e escrita, subsidiadas pelas várias características da literatura infantil.

A proposta de formação da disciplina promove um processo cadenciado pelos vários aspectos dessa literatura, envolvendo as especificidades e subsídios dos contos de fadas, das fábulas, da poesia para crianças, do folclore infantil, das histórias infantis, da literatura de cordel, das histórias em quadrinhos e do teatro infantil. O estudo de suas características, comprometidas com o desenvolvimento de práticas alfabetizadoras e de letramento, não ofusca a dimensão didática da formação social, emocional e cognitiva da criança e nem o caráter fabuloso imaginário e fantasioso. Não se perde ainda a possibilidade de apropriação das noções de tempo histórico, construção de percepções semióticas, análises e interpretações críticas, com base também na exploração linguística e do estudo da língua-padrão.

Recorre-se ao trabalho de Abramovich (1999), *Literatura infantil: gostosuras e bobices*, para ressaltar a grandiosidade de práticas de leituras de narrativas de diversas naturezas, pois permitem ouvir e olhar histórias. A autora ensina que a leitura não se caracteriza como uma singela atividade escolar, mas como uma atividade que enriquece o emocional, psicológico, linguístico, social e cultural, proporcionando uma experiência, ao mesmo tempo, hermética e concreta. Possibilita ao professor extrapolar qualquer intenção didática e formativa. A seleção dos livros vai interferir diretamente no "jeito de compreender o mundo", pois Abramovich, viciada em boa leitura, confirma que:

---

5   O termo "formação de leitores e escritores" não se refere à questão profissional, mas à preparação de ser capaz de fazer uso de práticas sociais de leitura e escrita.

Ler, pra mim, sempre significou abrir todas as comportas pra entender o mundo pelos olhos dos autores e da vivência das personagens... Ler foi sempre maravilha, gostosura, necessidade primeira e básica, prazer insubstituível... E continua, lindamente, sendo exatamente isso![6]

Essa postura ressalta a importância das histórias para as crianças no início da alfabetização, provocando alguns questionamentos: Em quais momentos o professor pode realizar a leitura, contar uma história? Para quais finalidades de ensino? Podemos recorrer às multiplicidades de gêneros literários para sorrir, rir, descobrir lugares novos e nos emocionar? Além dessas características quando se vai realizar uma leitura ou "contação" de história para criança, alfabetizada ou não, destacam-se alguns procedimentos como, de acordo com Abramovich (1999): familiarização com o texto selecionado, opção de extensão das descrições literárias conforme a idade, sinalização com palavras-chave do início e final da história, relação entre o que se ouve e o que está impresso.

A ilustração tem um lugar importante na literatura infantil, porque provoca a imaginação e produz encantamento e fascinação, colaborando também para a compreensão do texto. Principalmente nas histórias sem texto escrito, a presença dos desenhos de boa qualidade é fundamental e o leitor iniciante, que muitas vezes não domina a linguagem escrita, depende da propriedade dos recursos gráficos para se apropriar da mensagem. No processo de alfabetização, a criança necessita de referências sobre a linguagem verbal para o entendimento da estrutura das frases e da sequência dos fatos, construindo assim as noções de coesão e coerência textual. Ao iniciar suas próprias práticas de escrita, conseguirá aplicar, nos seus próprios textos, essas noções com criatividade e espírito crítico.

A leitura do livro de Abramovich (1999) sobre as histórias sem texto escrito desencadeia algumas reflexões: Quais atividades o professor pode organizar a partir das histórias sem texto? De que forma é possível potencializar as características das histórias sem texto? Como as histórias sem texto escrito oferecem

---

6 ABROMOVICH, 1999, p. 14.

elementos formativos para as práticas alfabetizadoras e de letramento? Essas questões, com certeza, não possuem apenas uma resposta, pois:

> Esses livros (feitos para crianças pequenas, mas que podem encantar aos de qualquer idade) são sobretudo experiências e um olhar múltiplo, pois se vê com os olhos do autor e do leitor, ambos enxergando o mundo e as personagens de modo diferente, conforme percebem esse mundo.[7]

As palavras da autora comprovam que o trabalho docente com os livros sem textos escritos ultrapassa qualquer pretensão formativa, seja no campo da criatividade, seja no da linguística. Nessa direção de análise, a leitura dos recursos gráficos depende ainda de questões éticas e estéticas, pois as ilustrações podem reforçar estereótipos e concepções preconceituosas e mitificadas, danificando o pensamento crítico e democrático. Muitas vezes, as ilustrações optam por determinados padrões de beleza e comportamento, explicitando relações de poder que marginalizam e discriminam o diferente. Apresentam-se ainda como um ótimo recurso para subsidiar também o humor na literatura infantil.

Temas como: ideias engraçadas; o tédio, o aborrecimento; o mau humor; a irritação; queixas, lamúrias, lamentações; a incompetência adulta; as instituições; sustos e espantos, conforme Abramovich (1999, p. 64), possibilitam outro olhar da realidade, de modo mais descontraído, sem padrões e amarras:

> E os autores infantis que conseguem esse tipo de visão são os que levam a novas formas de perceber velhas coisas, sem preconceitos, sem estereótipos, sem repetir o já sabido e que, por isso, espantam... E nada como uma boa sacudidela criativa e "cutucativa" pra fazer sorrir, pensar, rir, perguntar, parar por um momento e se dar conta de que o caminho poderia ter sido outro... ou que sempre é tempo de rever posições, ideias, gentes ou o que seja, e encontrar outro jeito (talvez mais saboroso, mais inquieto, talvez menos apaziguado, mais contundente, talvez mais anárquico e menos bem-comportado, e sobretudo mais vital) de andar e olhar este mundão... E sorrindo!

Da pesquisa de Abramovich (1999) emergem algumas provocações, referentes às práticas de leitura e escrita: Qual a

---

7   ABRAMOVICH, 1999, p. 33.

contribuição do humor para a literatura infantil e para as práticas de leitura e escrita? Por que o humor é importante para a literatura infantil? Como o professor pode potencializar a contribuição da leitura do humor na literatura infantil para as práticas alfabetizadoras e de letramento, recorrendo às várias estratégias de humor, verbais e não verbais? A linguagem não verbal é percebida também entre as crianças que não sabem falar. Utilizam a imagem para interagirem com o mundo que as cerca. O estudo de Aguiar (2004, p. 31) caracteriza essa percepção, inerente ao cotidiano da criança de dois ou três anos:

> A criança pequena, antes da aquisição da palavra, mantém contato com o mundo e registra suas experiências por intermédio da imagem. Quando começa a falar, vai se apropriando do código verbal usado em sua comunidade e, aos poucos, passa a utilizar a palavra para interagir com o mundo que a rodeia.

Além das imagens, encontram-se, na literatura infantil, outros recursos para a descrição de sentimentos, sonhos e vivências humanas, como a linguagem figurada e o aspecto ideológico da linguagem (AGUIAR, 2004). Os autores, muitas vezes, utilizam-na para potencializar a complexidade do texto e para não tornar a leitura cansativa e previsível para o leitor. Essas situações elucidadas confirmam o caráter inusitado que as práticas de leitura e escrita conseguem atingir, visando à formação de leitores e escritores críticos e criativos.

A poesia infantil oferece subsídios significativos para a tecnologia do processo de alfabetização (MONTEIRO, 2002; 2010) e incide em outros aspectos formativos, atingindo a dimensão crítica e imaginária das práticas da língua na sala de aula. A poesia infantil é um gênero literário que se apresenta de maneiras diferentes, com estilos díspares, podendo comover, provocar risos, tristeza e ressuscitar lembranças. Para Abramovich (1999, p. 66-67):

> Tem quem ache que a poesia infantil tem que ser moralizadora; tem quem ache que a poesia para crianças tem que ser pequenininha; tem quem ache que a poesia para crianças deve tratar de temas patrióticos; tem quem ache que a poesia infantil deve

falar de assuntos piegas; a poesia para crianças, assim como a prosa, tem que ser, antes de tudo, muito boa!

Portanto, as poesias infantis que se configuram na forma narrativa e em prosa podem abordar jogos de palavras, assonâncias, aliterações, anagramas, trocadilhos entre letras e palavras, brincadeiras com vogais e consoantes, recursos gráficos, rimas, ritmos e onomatopeias, para retratar saudades, alegrias, tristezas, vontades, sonhos, experiências vividas, amores, histórias remotas, nostalgias, imaginações, realidades autênticas ou apócrifas, regiões, comportamentos, frustrações, medos, conquistas e outras sensações. Do mesmo modo, as variações linguísticas têm um significativo auxílio para o enriquecimento das manifestações poéticas, que podem interferir também, enfaticamente, nas práticas alfabetizadoras e de letramento (MONTEIRO, 2010).

No campo poético, encontram-se vários autores que se dedicaram à poesia infantil, como Ana Maria Machado, Bartolomeu Campos de Queirós, Cecília Meireles, Elias José, Elza Beatriz, José Paulo Paes, Pedro Bandeira, Sérgio Caparelli, Sidônio Muralha, Tatiana Belinky, Vinícius de Moraes, Vivina de Assis Viana e outros. Localizam-se ainda, nesse universo, poetas e poetisas que não se dedicaram, especificamente, à poesia infantil, mas a leitura de muitas poesias suas revela a intimidade e o entrosamento com a alma de criança, como Adélia Prado, Carlos Drummond de Andrade, Ciça Fittipaldi, Chico Buarque de Holanda, Cora Coralina, Dorival Caymmi, Lygia Bojunga Nunes, Manuel Bandeira, Manoel de Barros, Mario Quintana, Paulinho da Viola, Roseana Murray, Yolanda Teixeira Monteiro e outros. Esses exemplos elucidam possibilidades férteis de pesquisas, estudos, desenvolvimentos, realizações existenciais e profundidades, favorecendo ainda as práticas alfabetizadoras e de letramento.

O grande desafio no processo de alfabetização é o trabalho com a linguagem-padrão (CAGLIARI, 1995; FRANCHI, 1998; MONTEIRO, 2010), principalmente quando as salas de aula são constituídas por crianças oriundas de contextos sociais e culturais não valorizados pelo contexto escolar e pela sociedade (BAGNO, 2009). A poesia, nas situações da diversidade linguística, apresenta-se como um recurso inteligente que permite a apropriação da língua-padrão de maneira lúdica, crítica, prazerosa e criativa. O trabalho do cordel no cotidiano escolar traz também excelentes resultados que dialogam expressivamente com as questões do estudo das variações linguísticas. Para Marinho e Pinheiro (2012, p. 49):

> Hoje, em contextos em que há pouco espaço para uma experiência com a literatura oral mediada pelos adultos, em locais como mercados e feiras, terreiros de casas e alpendres, é preciso pensar novos espaços/situações para apresentar o cordel às crianças e aos jovens. Percebemos algumas aproximações entre a literatura popular e a recente literatura infantil brasileira. Há, em muitos cordéis, traços como o predomínio da fantasia, inventividade ante situações inesperadas/complexas, musicalidade expressiva, caráter fabular, marcas comuns à literatura para crianças. O humor é presença marcante tanto na poesia para crianças quanto no cordel. Também um filão do cordel que o aproxima à literatura para crianças é a recriação de contos de fadas tradicionais.

No cordel para crianças e jovens leitores, conforme Marinho e Pinheiro (2012), pode-se trabalhar diversos temas como: o mundo dos bichos; espertezas e malandragens; uma viagem fantástica; cordel e canção; a temática social; a presença do humor; personagens históricas; adaptações e recriações; e o viés do absurdo. Essas situações explicitam a existência de compositores que enriquecem o campo do ensino da poesia e seus subsídios para as práticas de leitura escrita.

Podemos citar autores pertencentes à literatura de cordel, muitas vezes sem reconhecimento da mídia, como Antônio Lucena, Apolônio Alves dos Santos, Leandro Gomes de Barros, Lindolfo Mesquita, Manoel Monteiro, Manuel Camilo dos Santos, Manuel Pereira Sobrinho, Marcelo Soares, Maria Godelivie, Maria Luciene, João Grilo, João José da Silva, José Francisco Borges, José Pacheco, José Soares, Josenir Amorim Alves de Lacerda, Pedro Malasartes, Vidal Santos, Zé Vicente e outros. Eles resgatam a cultura nacional e os traços linguísticos específicos de determinadas regiões. Encontram-se palavras próprias do contexto dos cordelistas, garantindo relações concretas entre o contexto das variações linguísticas: timbu, papa-mel, anum, penerado, marrã, peba, xexéu, teju, cotia, caititu, guaxinim, punaré, calango, tracajá, cassaco, mocho, jandaíra, mangangá, sambudo, carne guisada, cacimbas, fazendo ruma e maniva. Na realidade da literatura infantil, destacam-se ainda dois livros que caracterizam a variação linguística de regiões específicas. O livro *Histórias tuyuka de rir e de assustar: histórias contadas por pais e crianças da Aeitu* (AZEVEDO; TUYUKA; CABALZAR, 2004), que retrata histórias contadas e escritas por pais e crianças da Associação Escola Indígena Utapinopona Tuyuka e recupera a cultura e o linguajar indígena, inerentes à região amazônica e ao povo tuyuka. Já o livro *Desenrolando a língua: origens e histórias da Língua Portuguesa falada no Brasil*, de Ly (2011), registra a influência das línguas indígenas e africanas, do latim, das línguas neolatinas (espanhol, francês e italiano), das línguas grega e inglesa, no costume linguístico brasileiro.

Essas várias influências aparecem no cotidiano das comunicações brasileiras, têm origens diferentes e são utilizadas sem nenhum preconceito linguístico. As palavras jacaré, periquito, goiaba, pororoca, arara, jacarandá, arapuca, Sergipe, carioca e pitanga foram herdadas das línguas indígenas. As palavras sapeca, tagarela, minhoca, patota, moleque, moringa, fubá, tutu, quitute e fuzuê pertencem ao universo cultural das línguas africanas. De origem italiana, são os seguintes vocábulos: lasanha, pizza, risoto e polenta. "*Bombom, batom, filé, abajur, fantoche e balé*, por exemplo, vieram do francês" (LY, 2011, p. 17, grifo da autora). Já as palavras churrasco, chimarrão, guitarra e farol vieram do espanhol e os termos peripécia, poliglota, labirinto, esqueleto, telescópio e patético têm origem grega (LY, 2011, p. 23, grifos da autora):

<small>Alfaiate, açúcar, chafariz, alicate e almanaque, *por exemplo, vêm da língua* árabe.
Albergue, estribo, elmo, espeto e valsa são palavras que têm origem no alemão.
Quimono, judô, caqui, karaokê, origami e *sushi* são de origem japonesa.
Do *inglês* vêm muitas palavras: futebol, bife, gol, xampu, surfe, tênis, craque, lanche, sanduíche e clube são alguns exemplos. A influência da língua inglesa sobre a língua portuguesa é tão forte que a gente acaba usando muitas palavras</small>

do jeito que eles escrevem e falam lá, sem traduzi-las ou adaptá-las para a nossa língua.

O livro da autora Ly (2011) reforça a presença de expressões da língua brasileira, as quais poderão ser aproveitadas para o processo de alfabetização, objetivando à compreensão das características culturais e históricas das palavras. Com a contextualização dos vocábulos, as práticas alfabetizadoras e de letramento elucidam que "a língua varia no tempo, no espaço e de acordo com a cultura; além disso, cada pessoa tem um jeito todo seu de falar" (LY, 2011, p. 26). As situações de estudo explicitam múltiplas alternativas de se trabalhar as variações linguísticas, principalmente no contexto dos anos iniciais.

Mais adiante dessas características, o trabalho com os contos de fadas traz significativos subsídios para o processo de alfabetização, auxiliando na produção de texto e no desenvolvimento da oralidade e imaginação. A autora Abramovich (1999), em seu livro, desenvolve algumas especificidades dos contos de fadas: "os contos de fadas vivem até hoje", "os contos de fadas falam de medos", "os contos de fadas falam de amor", "os contos de fadas falam – e como! – da dificuldade de ser criança", "os contos de fadas falam de carências", "os contos de fadas falam de autodescobertas" e "os contos de fadas falam de perdas e buscas". Esses aspectos anunciados são temas ricos, inerentes ao universo infantil e, consequentemente, são atraentes e expressivos. O raciocínio registrado aplica-se também às vivências culturais diversas e às experiências relacionadas ao trabalho com o folclore infantil e as fábulas, favorecendo o contato com a cultura popular brasileira.

A própria Ciência está repensando a necessidade de reconsiderar o sobrenatural, mistério e a magia do mundo (COELHO, 1998, p. 8):

> Na área da Literatura, tal fenômeno revela-se de maneira expressiva. Observe-se, entre os leitores de hoje (ou espectadores de TV), o sucesso da ficção científica, dos super-heróis e das máquinas "mágicas" (carros, helicópteros, mecanismos eletrônicos etc.). Simultaneamente, exploram-se os mistérios do além-mundo, o poder da mente, a força interior de seres extraterrenos etc.

Essas situações evidenciam que os contos de fadas e as fábulas atendem distintas demandas inerentes ao público infanto-juvenil e adulto, configurando-se como um recurso importante para a formação e o desenvolvimento afetivo, emocional, cultural, acadêmico e social: "as fábulas são narrativas curtas, que simultaneamente divertem e instruem, nas quais os autores refletem sobre os costumes e comportamentos sociais, angústias, anseios e valores de sua época" (SOUZA; CORRÊA; VINHAL, 2011, p. 156). Percebe-se, com isso, que o trabalho com fábulas se apresenta como um recurso importante para o estudo das práticas de letramento.

A atividade de reescrita possibilita, ainda, que os estudantes percebam que o texto não é algo engessado e acabado, mas que o autor pode realizar a história escrita quantas vezes desejar e da forma que quiser e se propuser, ou seja, o texto escrito é algo vivo, que poderá ser modificado pelo autor de acordo com a sua vontade. Vale lembrar aqui que Jean de La Fontaine, ao retomar as fábulas de Esopo, tantos séculos depois, também fez esse exercício de mudança de forma composicional. Enquanto as fábulas de Esopo foram produzidas em prosa, formas narrativas bem curtas, La Fontaine optou pelo verso, forma composicional mais valorizada em seu contexto histórico e cultural (SOUZA; CORRÊA; VINHAL, 2011, p. 167).

Os esclarecimentos teóricos dos autores permitem relacioná-los ao trabalho pedagógico do professor dos anos iniciais, pois afirmam que a reescrita com outras configurações de produção vai mostrar ao aluno a possibilidade de outros estilos de escrita. Nesse sentido, a análise das tipologias textuais apresenta-se como um campo fértil para a discussão sobre o conteúdo, o estudo da gramática e da ortografia e o entendimento da coesão e coerência.

Para finalizar a apreciação das características da literatura infantil, incluída no contexto da alfabetização e do letramento dos anos iniciais do ensino fundamental, mencionem-se ainda a história em quadrinhos e o teatro infantil, que concernem também ao campo da literatura infantil. O trabalho de Reverbel (1997) sobre o teatro na escola e o de Ramos e Feba (2011), que retratam a leitura de história em quadrinhos na sala de aula, são dois significativos exemplos de possibilidades de divulgação da literatura infantil. Neles, apresentam-se caminhos para o desenvolvimento da oralidade e leitura, relacionados diretamente ao processo de alfabetização e letramento.

Situações didáticas de leitura e escrita na perspectiva da poesia infantil

Ao longo deste texto, revelaram-se expressivos subsídios para as práticas alfabetizadoras e de letramento. Para a exemplificação de situações didáticas de leitura e escrita, algumas exigências conceituais devem ser explicitadas para seu entendimento, objetivando ao contexto em foco. Nessa perspectiva, o termo "alfabetização" pode ser compreendido em sentido amplo e em sentido restrito. Para Abud (1987, p. 5):

> No sentido amplo, entende-se a alfabetização como um fator de mudança de comportamento diante do universo, que possibilita ao homem integrar-se à sociedade de forma crítica e dinâmica; constitui uma das formas de promover o homem, tanto do ponto de vista social quanto do individual.

A criança alfabetizada, nessa perspectiva, utiliza a leitura para entrar em contato com as tradições culturais e com a história da Humanidade, podendo ampliar sua visão de mundo, aprimorar a comunicação, a integração na sociedade e exteriorizar sentimentos, opiniões, pensamentos e emoções. Já em sentido restrito, a alfabetização, na prática:

> Significa ensinar o código escrito correspondente ao código oral, habilitando o aluno a decifrá-lo (leitura, decodificação) e a utilizá-lo com compreensão (escrita, codificação). Trata-se, pois, da aprendizagem de um verossímil linguístico, mais ou menos sistematizado na ordem arbitrária do alfabeto e em sua representação fonológica, na ordenação morfológica e léxica das palavras e na articulação sintática das frases e dos textos.[8]

No sentido restrito, a aprendizagem da leitura e escrita ocorre mecanicamente, desenvolvendo apenas a tecnologia da codificação

---
[8] ABUD, 1987, p. 7.

e decodificação, tornando a criança capaz de traduzir um código, relacionando-o entre sinais gráficos e sons. O alfabetizando não reage ao realizar a leitura, não se apresentando capaz de compreender as mensagens e as situações presentes no texto. O aluno consegue grafar letras e palavras, mas não realiza escritas que lhe possibilitem a comunicação de ideias, opiniões, críticas e interpretações.

Recorre-se, ainda, ao material desenvolvido pelo Centro de Alfabetização, Leitura e Escrita da Universidade Federal de Minas Gerais (Ceale, 2004) para a identificação da natureza das práticas de letramento. Segundo este material (2004, p. 13), o letramento é considerado:

> [...] processo de inserção e participação na cultura escrita. Trata-se de um processo que tem início quando a criança começa a conviver com as diferentes manifestações da escrita na sociedade (placas, rótulos, embalagens comerciais, revistas etc.) e se prolonga por toda a vida, com a crescente possibilidade de participação nas práticas sociais que envolvem a língua escrita (leitura e redação de contratos, de livros científicos, de obras literárias, por exemplo).

O Ceale mostra que o professor não precisa escolher entre alfabetizar e letrar, mas tem que alfabetizar letrando. Essa proposta explicita a contribuição das práticas de letramento para a aquisição da leitura e escrita, sem descuidar do trabalho direcionado ao estudo do sistema da escrita. Os processos são diferentes, mas um complemento o outro e não é possível formar um bom leitor e escritor sem essa relação. Seguindo esse raciocínio, a literatura infantil vai ao encontro da articulação entre o alfabetizar e letrar, porque permite o desenvolvimento das funções sociais da língua escrita e o ensino da dimensão linguística do "código", envolvendo os aspectos fonéticos, fonológicos, morfológicos e sintáticos.

Com o objetivo de exemplificar o trabalho docente com base na literatura infantil, selecionou-se a linguagem poética para a elucidação de algumas situações didáticas de leitura e escrita, focalizando a poesia infantil. A prática da poesia infantil pode apresentar as seguintes características:

- Descobrir a sonoridade da linguagem poética, por meio da leitura em voz alta ou silenciosa.
- Reconhecer a poesia também como um canal de imaginação, conhecimento, informação, prazer e diversão, por meio da pluralidade de momentos, consentindo a presença da fantasia e/ou realidade.
- Ressaltar a função social da poesia.
- Desenvolver atitudes e disposições favoráveis à leitura do texto poético, visando à compreensão e fluência.
- Recorrer à poesia para apregoar sentimento, emoção, vivência, experiência, sensação, encantamento, opinião e preferência individuais.
- Usar recursos expressivos (estilísticos e literários) para as diversas comunicações e destinatários.
- Trabalhar com a poesia infantil para a apreciação estética e exemplificação da liberdade de expressão, sem regras preestabelecidas quanto à forma, ao conteúdo, à mensagem e à produção escrita.
- Reservar espaços didáticos lúdicos para leitura poética, permitindo e incentivando múltiplas interpretações e suas socializações coletivas.
- Propiciar práticas de leitura e declamação, para a percepção da poesia por meio do ritmo, da rima e sonoridade.
- Produzir poesia com base nas características da criança, para o reconhecimento de seu papel na sociedade, na História e na própria escola, pois é um meio de expressão e comunicação, podendo, assim, registrar suas escolhas e rejeitar qualquer forma de discriminação, preconceito e opressão.

É importante alertar que a linguagem poética, ao ser utilizada estrita e enfaticamente para o ensino da gramática, do vocabulário, da ortografia e de outras situações de didáticas formalizadas, desencadeará uma descaracterização da própria função social da poesia. As atividades escolares maçantes, ao serem substituídas pela apreciação da obra literária e pelo diálogo da criança com a produção, aproximarão as pessoas do seu encontro existencial.

Essa perspectiva, que engloba o trabalho com poesia, possibilita ainda o desenvolvimento de outras esferas de formação do aluno, envolvendo a apropriação das características da alfabetização e do letramento. Diante disso, elaboraram-se alguns procedimentos didáticos para a articulação das especificidades da poesia infantil com o ensino mais sistematizado das práticas de leituras:

- Identificação e reconhecimento do valor de diferentes dialetos.
- Articulação entre a língua-padrão e os diferentes dialetos, por meio do uso do dicionário, para o conhecimento e apropriação de seu significado.
- Identificação dos tempos verbais do poema.
- Prática de leitura com entonação, conforme as características da poesia.
- Ensino da gramática, considerando, por exemplo, ortografia, dígrafos, sinais de pontuação, regularidade e irregularidade ortográficas da língua e outros aspectos.
- Organização do gênero poesia num outro gênero discursivo.
- Criação de frases e textos para o entendimento e a interpretação da mensagem da poesia, visando ao ensino da coesão e coerência textual.
- Utilização de outras linguagens para a caracterização da linguagem poética, como, a plástica.
- Desenvolvimento das capacidades necessárias para o uso da escrita poética no contexto escolar e social, objetivando ao ensino da estrutura e características do gênero textual poesia, da oralidade e leitura enfática.
- Localização de pistas textuais, intertextuais e contextuais para a leitura da linguagem poética.
- Realização de práticas interativas em sala de aula pela leitura de poesias, produzidas no cotidiano escolar ou por poetas e poetisas com livros publicados.

Essa explanação, envolvendo a linguagem poética, valoriza esse tipo de gênero discursivo e traz outras formas de se trabalhar o texto poético, apreciando suas características e identificando possíveis relações com o ensino do português-padrão. Essas práticas proporcionam, além do desenvolvimento da especificidade da norma culta, o despertar da curiosidade por diferentes tipos de poesia, pois permitem a extrapolação dos objetivos educacionais visíveis no contexto institucional, atingindo outras esferas sociais.

Considerações finais

A busca de iniciativas brilhantes, distantes do contexto escolar, no trabalho pedagógico com literatura infantil, prejudica o reconhecimento do campo fértil da escola e, mais especificamente, da sala de aula, para as práticas de leitura e escrita. Ações envolvendo a comunidade escolar, como a formação/manutenção de biblioteca, videoteca e gibiteca, na classe ou na escola, podem incentivar a diversificação dos textos da literatura infantil para a formação de leitores e escritores críticos e criativos.

Por essa razão, distinguem-se, neste texto, significativas situações didáticas que assumem o compromisso do ensinar com o aprender. Revelam-se possibilidades, com base na grandiosidade da literatura infantil, da criança de se identificar com princípios éticos, descobrir outros caminhos para a compreensão do mundo e para a resolução de problemas de ordem emocional, psicológica, social e cultural. Reservam-se ainda espaços à criança, pequeno leitor, para sonhar, divertir, emocionar-se, conhecer outros mundos, refletir sobre infância e ser criança, em diferentes épocas, momentos e realidades.

O estudo, então, da diversificação das práticas de ensino ressalta a importância do comprometimento docente de levar a criança à compreensão das especificidades da literatura infantil, pois permite a concretude da formação de leitores e escritores com outras formas de pensamento e atitude. Nessa direção, o presente texto sinaliza para que os cursos de formação inicial e continuada de professores sejam os principais responsáveis pela divulgação da importância do ensino e da aprendizagem da literatura infantil para as crianças pequenas, e sejam também os responsáveis pela preparação profissional.

Conclui-se, ainda, que o entendimento da formação docente na área do Ensino da Leitura e Escrita, subsidiado pelas características da literatura infantil, requer um estudo que envolva não apenas a problematização dos cursos de formação de professores, mas uma constante reflexão fundamentada sobre as práticas pedagógicas. O exemplo das práticas da poesia infantil desenvolvida apresenta-se como uma sugestão didática, podendo ser representativa para outras instâncias da literatura infantil.

Capítulo VI.

Operacionalização dos processos formativos nas práticas de bem-estar animal para vaqueiros em fazendas de gado de corte[1]

Luís Fernando Soares Zuin[*]
Poliana Bruno Zuin[**]
Mateus J. R. Paranhos da Costa[***]

O intuito deste capítulo é contribuir em termos teóricos e metodológicos para os profissionais que capacitam vaqueiros e trabalhadores rurais na temática Bem-Estar Animal (BEA), em fazendas de gado de corte. Esse conjunto de sugestões é resultado preliminar de uma pesquisa apoiada pelo CNPq, em que foram entrevistados capacitadores, gerentes, vaqueiros e funcionários que trabalham em fazendas de gado de corte, em diferentes países e locais da América Latina, como Argentina, Brasil, Chile e Uruguai.

Como se pode observar no Quadro 1, até esse momento da pesquisa foram colhidos relatos de dez capacitadores, nove auxiliares (entre os capacitadores na realização dos cursos), três gerentes

---

[1] Essa pesquisa teve o apoio do Conselho Nacional de Desenvolvimento Científico e Tecnológico (CNPq-Brasil).
[*] Zootecnista, doutor em Engenharia de Produção pela UFSCar, leciona na Faculdade de Zootecnia e Engenharia de Alimentos (FZEA) da USP.
[**] Pedagoga, doutora em Educação pela UFSCar, leciona na Fatec.
[***] Zootecnista, doutor em Psicologia pela USP, leciona na Faculdade de Ciências Agrárias e Veterinárias (FCAV) da Unesp.

de fazendas e dezenove vaqueiros. Por meio dos relatos desses 37 sujeitos, foi possível estruturarmos, em termos didáticos e metodológicos, algumas ações que levem os capacitadores[2] a terem uma prática educativa significativa junto a esses trabalhadores rurais, quase em sua maioria privados de educação básica.

QUADRO 1 — NÚMERO E ORIGEM DOS SUJEITOS ENTREVISTADOS

PAÍSES	SUJEITOS ENTREVISTADOS		
	CAPACITADORES	AUXILIARES	VAQUEIROS
ARGENTINA	2	2	2
BRASIL	5	3	10
CHILE	1	2	4
URUGUAI	1	2	3
TOTAL	9	9	19

Referencial teórico e metodológico

O referencial teórico que norteia as nossas ações e reflexões sobre a prática educativa está ancorado em basicamente três autores que compartilham da mesma concepção de sujeito, de mundo e, consequentemente, de ensino e aprendizagem, sendo eles: Lev S. Vygotsky (1993; 2001; 2009), Mikhail Bakhtin (1993; 2003; 2010) e Paulo Freire (1977; 1979; 1997; 2001). Esses autores possuem a concepção de que o homem é um ser que se constitui e é constituído nas suas relações e interações sociais e que, por essa razão, ao mesmo tempo em que é constituído pela História ele, como sujeito, também constrói a História, modificando, portanto, as suas condições de existência.

Uma metodologia de comunicação dialógica se faz premente nas práticas de ensino nos cursos de formação continuada nos territórios rurais. A dialogia necessita de um contexto em que haja uma prática educativa horizontal, para que locutores e interlocutores tenham direito à palavra. Assim, é necessário conhecer a realidade de cada sujeito partícipe do processo, pois somente com base

---

2   Para este estudo, empregamos o termo "capacitador" para designar o educador-formador. O motivo da escolha é porque nos territórios rurais brasileiros essa designação é a mais comum. Entretanto, nós sabemos que essa palavra não seria a mais indicada, sendo o educador-formador a mais interessante, de acordo com o nosso referencial teórico.

nesse conhecimento é possível compartilhar significados e, consequentemente, os sentidos atribuídos por cada um deles. Bakhtin (2003; 2010) afirma que o conhecimento da realidade do outro, de suas experiências e vivências, ou seja, o compartilhamento dos caminhos que percorrem as suas significações levaria a um melhor entendimento entre os sujeitos. O autor também observa que os sujeitos, ao dizerem uma palavra, são responsáveis pelo seu entendimento e compreensão durante o diálogo entre os respectivos interlocutores, relação essa que é muito mais que uma ação, sendo denominado *ato responsável*. Em se tratando da temática BEA, cuja responsabilidade faz parte dos atos dos sujeitos que trabalham junto aos animais, deve haver ainda mais responsabilidade nos diálogos existentes nos processos formativos. Foi com base no aprofundamento nos estudos desses teóricos que pensamos em uma nova forma de se realizar os processos de ensino e aprendizagem em ambientes não formais, como é o caso da extensão rural no Brasil.

Sabe-se que o sujeito do meio rural frequentemente sofre preconceito de classe, o que acabou refletindo na sua exclusão em outras instâncias, como escola, língua, cultura, entre outros. Durante anos esses sujeitos foram invadidos culturalmente (FREIRE, 1977), a fim de adequar suas técnicas produtivas ao que era novo. Anos se passaram e o olhar para esse grupo na atualidade vem ganhando um novo enfoque, uma perspectiva mais humana (FREIRE, 1977), no qual atualmente podemos ver um processo de inclusão de seus produtos. Tal paradigma deixa espaço para a discussão em termos de políticas públicas de como poderia ser o processo de formação desses sujeitos no âmbito da extensão rural. Portanto, mostramos um conjunto de procedimentos metodológicos que podem ser empregados nos cursos de formação referentes à temática do BEA.

Procedimentos metodológicos

Como se pode observar na Figura 1, com base no referencial teórico e metodológico aqui proposto iremos, a seguir, apontar alguns caminhos em termos de procedimentos metodológicos a serem utilizados pelos capacitadores. Esses caminhos, do ponto de vista didático, têm quatro etapas: diagnóstico, planejamento, processos avaliativos (aulas teóricas e aulas práticas) e reavaliação.

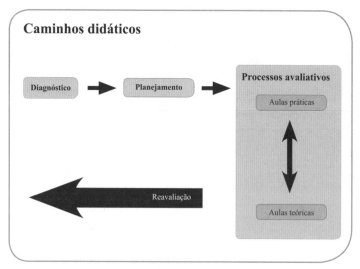

Figura 1 - Caminhos didáticos empregados nos processos de ensino-aprendizado em cursos de capacitação em práticas de BEA

Diagnóstico

A atividade de diagnóstico constitui uma importante ferramenta nos processos de ensino-aprendizado, uma vez que serve ao capacitador (educador-formador) conhecer a realidade de seus educandos (vaqueiros e demais funcionários das fazendas), ou seja: Quem são? O que fazem? Como fazem? O que necessitam? O que sabem? Como trabalham? Em que acreditam?, entre outras questões.

O diagnóstico dos sujeitos, inseridos em seus contextos produtivos, ainda serve ao capacitador para conhecer a realidade dos vaqueiros em termos da infraestrutura de que dispõe o local onde será realizado o curso. Somente com o diagnóstico é possível ao capacitador constituir seu planejamento e encaminhamentos didáticos, pois estes devem se apresentar sempre adequados ao contexto de cada educando e de cada realidade cultural, a fim de que não haja um processo de invasão cultural (FREIRE, 1977).

É importante salientar que o diagnóstico permite um processo de ensino-aprendizagem mais significativo, pois considera a leitura de mundo desses sujeitos, tal qual propunha Paulo Freire (1987). Essa leitura de mundo está embebida de experiências, vivências, sentidos e significados, os quais serão imprescindíveis na constituição da relação de dialogia existente na interação dos processos de ensino-aprendizagem em fazendas de gado de corte. Essa atividade permite ao educador saber qual é o horizonte de significação que cada indivíduo elabora durante o processo de aprendizagem (BAKHTIN, 2010). Tais procedimentos permitirão ao capacitador traçar o melhor planejamento possível para um determinado grupo e local diagnosticado, de maneira a mediar um ensino significativo, como propõe a teoria vygotskyana (VYGOTSKY, 2001; 2009).

No caso da formação nas práticas de BEA, três pontos deverão fazer parte do diagnóstico, sendo eles essenciais para a construção do planejamento do processo educativo. Assim, o capacitador deverá considerar: os sujeitos que participarão do processo; as condições locais relativas à infraestrutura (estado e tipificação dos currais, piquetes, moradia dos vaqueiros etc.); e o temperamento dos animais.

É claro que a subdivisão aqui proposta se faz somente para fins didáticos, assim, sempre há o olhar concomitante para os *sujeitos*, o *contexto produtivo* e o *objeto de estudo*, que são os vaqueiros, fazendas de gado de corte e a temática BEA.

Mas o que deve ser observado nessa etapa de diagnóstico? Quanto tempo se deve destinar a essas ações? Como deve ser encaminhado esse processo? A seguir, responderemos a essas questões.

Os sujeitos (vaqueiros)

Num primeiro momento, é importante o capacitador observar a rotina de trabalho dos vaqueiros: como agem, como concebem a relação homem-animal, que perspectivas relativas ao trabalho possuem, entre outros aspectos. Com base nessas observações, a equipe de capacitadores pode estabelecer um diálogo, a fim de saber quem são esses sujeitos: Como se chamam? Quais as suas idades? Qual o grau de escolaridade? Em que já trabalharam? Quanto tempo trabalham como vaqueiro? Pretendem continuar na profissão? O que mais gostam na profissão? Como veem o trabalho? Renegam o trabalho? Por quê? Possuem família? Quantos filhos? Pretendem que os filhos sigam a mesma profissão? Qual profissão possuem seus filhos? Quais são os sonhos e perspectivas profissionais? Qual vocabulário utilizam para designar seus objetos de trabalho? Que benefícios recebem na fazenda? Executam o manejo racional? Em qual grau? Como se comportam manejando os animais?, entre outros aspectos.

As observações aqui propostas são relevantes, pois é importante compreender quem são os sujeitos a fim de que o processo de ensino-aprendizagem seja significativo, visando modificar toda a prática das atividades a serem executadas, que nesse caso é o manejo racional e o BEA.

Contexto produtivo (fazendas de gado de corte)

Cada contexto produtivo (ZUIN; ZUIN; MANRIQUE, 2011) e interacional (BAKHTIN, 2003; 2010) é único, por isso o tempo de duração da etapa de diagnóstico vai condizer com algumas variáveis como: tamanho e complexidade da propriedade rural; sistemas de gerenciamento; número de funcionários; tamanho de cada propriedade rural; e número de cabeça de gado de cada local.

Após esse contato com a equipe, é possível que já se inicie o planejamento de estratégias de ensino, ao mesmo tempo em que se vai configurando o contexto da infraestrutura local e das condições de existência dos vaqueiros e demais funcionários na fazenda pesquisada. Podem ser feitas algumas questões e depois verificá-las no local: Há lugar de descanso para os trabalhadores? Há refeitório e banheiros para os funcionários? Quantos trabalhadores a fazenda possui em relação ao número de gado? Onde moram esses funcionários e suas famílias? Como são as casas desses trabalhadores? Como são as instalações para manejar o gado? Há currais? Qual o estado desses? Quais melhorias deveriam ser feitas?, entre outros aspectos.

Objeto de estudo (temática do BEA)

Com relação ao terceiro ponto do diagnóstico, "o temperamento dos animais", é necessário investigar dois aspectos referentes às práticas de BEA. O primeiro se refere à reatividade dos animais e a sua relação com os sujeitos que cuidam deles, uma vez que a capacitação na temática BEA deve conter as aulas práticas, garantindo a segurança dos educandos e demais envolvidos. Portanto, é imprescindível estudar a fundo alguns animais e seus comportamentos e, como: quais são os animais mais mansos? Quais são os dominantes? Como se comportam nas diferentes situações de manejo?

O segundo ponto do diagnóstico, "condições locais relativas à infraestrutura", diz respeito ao grau de conhecimento que os vaqueiros possuem sobre a temática do BEA. Alguns capacitadores e vaqueiros entrevistados relataram que já tinham conhecimento de como realizar algumas atividades do manejo racional, como o uso de bandeirolas no curral. De acordo com os seus relatos, esse conhecimento lhes foi passado por outros vaqueiros durante as rotinas produtivas, nas fazendas em que trabalham e/ou trabalharam.

Ao realizar todas as etapas do diagnóstico, a equipe de capacitadores inicia a fase do planejamento educacional, relativo à realidade observada na fazenda pesquisada, a fim de tornar esse ensino significativo de maneira a levar mudanças nas práticas desses profissionais. Como se sabe, qualquer processo educativo é lento e gradual, necessitando, muitas vezes, da rotina diária de trabalhos, para que as mudanças realmente possam ocorrer na postura dos vaqueiros. Portanto, por mais que se tenha um curso de duração de quatro ou 20 horas[3], é necessário que se faça um trabalho constante de reforço nas propriedades rurais que receberam essa capacitação.

Para concluir, o diagnóstico é uma ferramenta pedagógica essencial e eficiente para o ensino, pois o ato de adentrar a realidade dos vaqueiros permite que se construa o mesmo horizonte

---

3   Esse era o intervalo de duração dos cursos nessa temática que foram investigadas neste estudo.

de significação dos conteúdos a serem dialogados durante o curso (BAKHTIN, 2010). Com base na realidade dos envolvidos, dando exemplos relatados pelos próprios vaqueiros, trazendo suas próprias perspectivas, estabelece-se uma relação de confiança que é necessária no contexto da capacitação. A relação de confiança (CLOT, 2007) pavimenta o caminho para a mudança de atitude dos vaqueiros, tal qual propõem as temáticas de manejo racional e BEA. Quanto ao tempo de duração das atividades de diagnóstico, de acordo com os relatos dos capacitadores, acreditamos que três a quatro dias sejam suficientes para um adentramento satisfatório na realidade de cada contexto produtivo.

O planejamento das atividades didáticas do curso

Coletadas todas as informações na etapa do diagnóstico, cabe ao capacitador e sua equipe planejar o processo educativo, ou seja, quais conteúdos serão abordados nas aulas teóricas e práticas do seu curso, bem como selecionar as estratégias de ensino e recursos que serão utilizados. Nessa etapa é primordial a equipe ter os objetivos de ensino definidos, e estes se dão com os seguintes questionamentos: Por que eu vou ensinar tal conteúdo? O que eu espero que os meus educandos aprendam?

Com relação aos conteúdos, estes são compreendidos como tudo o que se tem de aprender a fim de se alcançar determinados objetivos que não apenas abrangem as capacidades cognitivas, mas também outras capacidades relativas às atitudes e aos procedimentos. Os conteúdos de aprendizagem seriam todos aqueles que possibilitarão o desenvolvimento e aprimoramento nos sujeitos de suas capacidades motoras, relação interpessoal e de inserção social, podendo ser de natureza diversa, como: dados, habilidades, técnicas, atitudes, conceitos, entre outros (ZABALA, 1998). Diante disso, a equipe de capacitadores busca responder os seguintes questionamentos (COLL, 1994): O que se deve aprender? O que se deve saber? O que se deve saber fazer?

Assim, os conteúdos a serem trabalhados durante o curso podem ser classificados em três diferentes tipos (COLL, 1994):

conteúdos conceituais (fatos, sentidos, princípios), conteúdos procedimentais (procedimentos, técnicas e métodos) e conteúdos atitudinais (valores, atitudes e normas).

Ao identificar os principais conceitos da temática de BEA e manejo racional, o capacitador seleciona os *conteúdos conceituais* que sejam de fácil entendimento para os vaqueiros, ou seja, é importante tomar cuidado com as palavras que serão ditas, ou seja, com os significados e sentidos que o seu público lhes dá. Por isso, nesse momento, o diagnóstico, realizado anteriormente, auxilia o capacitador na forma como dialogará sobre esses conceitos com os vaqueiros. As palavras que serão utilizadas, os exemplos a serem dados e os recursos utilizados devem ser todos extraídos da realidade dos vaqueiros, e que foram coletados durante a etapa de diagnóstico, ou de contextos produtivos similares, já vivenciados pelos capacitadores em cursos anteriormente ministrados.

Com relação aos *conteúdos procedimentais*, espera-se que o capacitador (e seu curso) se adapte ao contexto produtivo e pessoal dos vaqueiros envolvidos nos seus cursos, utilizando a metodologia de comunicação dialógica aqui proposta, para que os vaqueiros internalizem o que foi aprendido e utilizem o aprendizado nas suas rotinas produtivas. Para tanto, o vaqueiro buscará entender e se conscientizar do motivo pelo qual é importante mudar a sua atitude e postura. Dessa forma, mostrar-lhes valores e novas relações, que precisam ser reconfiguradas com os animais, é uma atividade importante nos processos de ensino-aprendizado desse contexto. Portanto, cabe ao capacitador trabalhar com os três conteúdos propostos pela área de Didática e Formação de Educadores, isto é, o saber, saber fazer e saber ser (LIBÂNEO, 1987).

É sabido que não é possível ensinar nada sem partir de uma ideia de como as aprendizagens se produzem; por isso, por trás de qualquer prática educativa sempre há uma resposta para as duas principais questões: Por que ensinamos? Como se aprende?

Em seus estudos, Vygotsky (2001) nos auxilia na resposta a essas perguntas. Conforme o autor, a aprendizagem ocorre de uma maneira significativa. O que isso quer dizer? Para que se possa compreender algum conceito novo, é preciso utilizar informações semelhantes e conceitos que são concretos. O autor, em uma de suas pesquisas, percebeu que as pessoas que não possuíam muitos anos de escolarização apresentavam um raciocínio mais atrelado à prática e menos a conceituações abstratas. Tendo em vista que vaqueiros e trabalhadores rurais em geral possuem pouca escolarização, é importante partir sempre da prática a fim de ensinar os conceitos científicos sobre o BEA. Isso implica usarmos exemplos da realidade do vaqueiro, bem como de outras realidades similares, a fim de que o pensamento e a apropriação do novo sentido produtivo possam se efetivar nesses sujeitos. O autor salienta que ilustrar conceitos por meio de comparações semelhantes é interessante, mas afirma, principalmente, que é pela diferença de situações que ocorre a aprendizagem de forma mais significativa.

Durante o planejamento, o capacitador estrutura o seu curso deixando claro quais serão seus objetivos gerais e específicos; conteúdos a serem trabalhados, tempo de duração de cada tópico referente aos conteúdos propostos; metodologia de ensino, atividades práticas a serem desenvolvidas pelos vaqueiros, recursos materiais nas fazendas (os locais que poderão ser empregados nas aulas teóricas e práticas), avaliação do curso pelos vaqueiros, entre outros aspectos.

Apresentamos aqui um exemplo de planejamento pensado no curso de BEA de uma maneira geral. Todavia, a equipe que trabalha com essa temática buscará traçar o seu próprio planejamento de acordo com os objetivos do curso proposto, devendo estar de acordo com a realidade observada durante o diagnóstico. De forma detalhada, exemplificaremos cada aspecto do processo de estruturação do curso.

Objetivos gerais do curso

Nessa etapa, o capacitador e sua equipe concebem o que se pretende que os vaqueiros saibam, ou seja, pretende-se que os vaqueiros identifiquem a função e a natureza do manejo racional e se apropriem das técnicas e atividades que norteiam o BEA.

Havendo a incorporação pelos vaqueiros dos conteúdos do curso por meio da conscientização, espera-se que reconheçam a sua mudança de atitude e técnica de manejo, e que relacionem a necessidade de respeitar o animal, com base no respeito às relações sociais e humanas, que já devem ser preestabelecidas na propriedade rural em que trabalham.

Objetivos específicos

Cabe ao capacitador, nessa etapa, colocar o que se espera que o vaqueiro nesta nova realidade produtiva seja capaz de fazer. Por exemplo: conhecer e relacionar os conceitos estudados com a sua realidade; compreender o papel da interação homem e animal; analisar o bem-estar animal sob o ponto de vista econômico, social e ambiental; conhecer as relações existentes entre manejo racional e o BEA; elaborar atividades para o desenvolvimento do manejo racional; compreender e discriminar as atividades em que o animal se encontra em sofrimento e aquelas em que ele se apresenta inserido nas práticas de bem-estar animal; analisar e estabelecer relações entre o manejo racional e o BEA.

Conteúdos a serem trabalhados

Os conteúdos se referem a todo o arcabouço de conceitos que o capacitador pretende trabalhar com os vaqueiros, durante o curso. Por exemplo: manejo racional, BEA, fisiologia animal, reatividade do gado, emprego de instrumentos de manejo racional (por exemplo, bandeirolas), entre outros aspectos.

Tempo de duração de cada tópico

Nessa etapa do planejamento, o capacitador estabelece um período de tempo que será usado para ofertar cada conteúdo que será trabalhado com os vaqueiros. Portanto, períodos de tempos longos serão empregados para assuntos mais importantes para a realidade produtiva que foi observada na etapa de diagnóstico, e vice-versa. A quantificação dessa atividade é realizada de acordo com a necessidade produtiva de cada propriedade rural.

Metodologia de ensino

O capacitador estabelece todo o procedimento que envolve o processo de ensino e aprendizagem, ou seja, de acordo com o diagnóstico ele escolhe quais estratégias didáticas utilizará para que o ensino seja eficaz. Por exemplo: preparar roteiro de projeções conceituais com base no diagnóstico realizado, coordenar grupos de discussão sobre os conceitos trazidos, expor de forma dialogada os temas, orientar pequenos grupos para elaboração e desenvolvimento de atividades que possibilitem o favorecimento da mudança de atitude, orientar para manejo no curral, coordenar o uso das bandeirolas no curral, acompanhar os educandos na execução das atividades práticas propostas, coordenar a apresentação da avaliação do curso oferecido, apresentar aos vaqueiros o resultado final do desempenho dos mesmos.

Atividades dos vaqueiros

Ao longo de toda a capacitação, o capacitador deverá instigar os vaqueiros a participarem da discussão dos temas propostos. Para isso, poderão ser realizadas algumas atividades a partir da formação de pequenos grupos de vaqueiros, como: apresentar o resultado a todo o grupo de vaqueiros da discussão realizada nos pequenos grupos; participar da elaboração coletiva de novas práticas a fim de sintetizar o tema; ouvir a exposição dos temas pelo capacitador; participar da exposição feita pelo capacitador, emitindo suas opiniões e questionamentos; pronunciar-se quanto ao curso desenvolvido; ouvir e refletir sobre o resultado de sua produção do novo sentido sobre o emprego do novo manejo.

Recursos materiais

Trata-se de todos os aspectos operacionais a serem utilizados nas aulas teóricas e práticas, como: projetor multimídia, caixas de som, sala de aula (ou algo semelhante), estruturas do curral, materiais didático e de apoio, entre outros.

Avaliação do curso

A avaliação serve tanto para o capacitador rever a sua prática como sujeito em constante formação, quanto para o vaqueiro determinar os conteúdos que foram internalizados. Essa atividade pode ser realizada tratando de diferentes aspectos. Sugerimos que essa etapa seja realizada de uma maneira geral e não individual, a fim de não os inibir, mas sim exaltar o que já foi incorporado.

O planejamento aqui proposto é importante a fim de que o capacitador não se perca em seus propósitos, não devendo essa atividade ser uma "camisa de força", pois o planejamento pode e deve ser revisto e adequado a cada realidade na qual o curso será oferecido. Suponhamos que durante o curso as estratégias inicialmente pensadas baseando-se no diagnóstico não estão tornando o processo de ensino-aprendizagem eficiente. Nesse momento, o capacitador buscará rever tais estratégias e procedimentos, o que acarretará a mudança de todo o processo de ensino que se encontra em andamento.

Encaminhamento das aulas teóricas e práticas: refletindo sobre a prática educativa

Conforme vimos, as aulas teóricas e práticas são os procedimentos pedagógicos empregados pelo capacitador a fim de que o processo de ensino e aprendizagem se realize de forma satisfatória. Devido à temática aqui tratada (BEA e manejo racional) e à implicação da profissionalização daqueles que trabalham como vaqueiros nas propriedades rurais, não podemos pensar simplesmente em cursos teóricos. Muitos educadores ressaltam a necessidade de haver uma relação entre teoria e prática, e quando se fala sobre os processos de extensão rural, essa relação se torna ainda mais premente.

As aulas teóricas servem para o embasamento conceitual necessário à mudança de postura dos vaqueiros, ou seja, é condição precípua para que possa haver a dialogia existente no exercício do pensar, refletir e transformar (FREIRE, 1987).

Já as aulas práticas possuem o mesmo intuito, porém permitem ao vaqueiro observar, por meio de suas próprias ações e a de seus companheiros, o que precisam modificar e como usar uma nova técnica, além de que, nesse momento, toda a praticidade que envolve a sua profissão impera em seus aspectos cognitivos. Tal qual propôs Vygotsky (2001; 2009), é na prática que o vaqueiro poderá testar os novos conceitos apreendidos e suas habilidades, que comparará o antigo manejo com o novo, entre outros aspectos. Tendo em vista os estudos realizados até o momento, vamos expor quais atividades deverão conter as aulas teóricas e práticas em termos didáticos e de operacionalização do processo de ensino e aprendizagem. Para tanto, ressaltamos que a relação capacitador e vaqueiros deve basear-se em um relacionamento interpessoal próximo; que ambos caminhem juntos para o aprendizado significativo; que um aprenda com o outro todos os dias da convivência; que haja humildade por parte do capacitador, a fim de levá-lo a um relacionamento transparente com o educando, para que se estabeleça a relação de confiança.

O trabalho do capacitador visa ainda modificar o ser humano, compreendendo-o como um ser educável e sujeito ativo do próprio conhecimento; um ser que é social e historicamente determinado, um indivíduo concreto, síntese de múltiplas determinações e, por fim, um ser que se insere no movimento coletivo da emancipação humana, o que implica tentarmos modificar a qualidade de vida dos sujeitos oprimidos em suas rotinas de trabalho. Libâneo (1987) ressalta que uma teoria pedagógica sempre se apresenta articulada com uma visão de mundo e de sociedade, e que seja expressão do movimento de uma prática coletiva e transformadora entre os sujeitos. Aponta, ainda, que o trabalho formativo supõe elementos pedagógico-didáticos como fatores específicos do ensino que devem sempre ser contextualizados, de maneira que a teoria e a prática, a pedagogia e a didática sejam inseparáveis na busca da transformação da realidade, objetivo da pesquisa aqui relatada. O autor aponta um conjunto de requisitos à prática docente. Ainda que alguns tenham sido apontados anteriormente, vale a pena retomá-los a fim de ressaltá-los no contexto produtivo deste capítulo: conhecimento da prática de vida dos vaqueiros; conhecimentos da psicologia do desenvolvimento, da aprendizagem e da educação; domínio do conteúdo e metodologias; seleção de conteúdos; conhecimento da dinâmica de grupo e formas de comunicação; domínio de conhecimentos lógico-metodológicos que garantam a compreensão das relações entre escola e contexto político.

Aula teórica

O encontro entre capacitador e vaqueiro, durante a aula teórica, deverá conter a seguinte dinâmica: número desejável de educandos de acordo com a profissão que exerce; disposição do espaço e recursos físicos; apresentação.

Número desejável de vaqueiros por curso

Para que os vaqueiros possam ter um processo de ensino e aprendizagem de qualidade, acreditamos que um número ideal e possível de se trabalhar, dando a atenção merecida a cada educando, seja de 15 a 20 sujeitos. Quando se tem um número superior a esse, a dialogia como condição para um ensino e um aprendizado significativo pode não ocorrer. Tal fato se deve a inúmeros fatores, como: inibição dos vaqueiros, impossibilidades de se estreitar os vínculos a fim de estabelecer uma relação de confiança, e dificuldade de dar atenção às problemáticas de cada sujeito.

O diálogo em pequenos grupos é interessante, uma vez que permite que cada vaqueiro conheça melhor o outro e modifique as suas atitudes e postura. Carl Rogers (1986), fundador da teoria humanista, acreditava que, apenas por uma aprendizagem significativa, o sujeito seria capaz de transformar o seu comportamento por meio das ações futuras que viria a ter, pelas mudanças de atitudes ou mesmo de sua personalidade. Fundador da terapia com trabalhos em grupo, denominados "grupos de encontro", buscava significar a experiência dos indivíduos com base em situações planejadas. Para o autor, as reuniões em pequenos grupos permitem o crescimento pessoal dos sujeitos, o desenvolvimento da comunicação e das relações interpessoais, além de possibilitar a troca por meio da aprendizagem experiencial. Isso posto, para que se tenha uma aprendizagem significativa, o autor sugere que o educador, nesse caso o capacitador, olhe o sujeito como um todo, um ser inacabado que a todo momento é suscetível à aprendizagem e mudanças de atitude. A fim de que se tenha um ensino significativo, o autor propõe as seguintes características:

a) *Envolvimento pessoal*: o envolvimento pessoal deve se dar tanto no aspecto sensível/afetivo, como em relação ao aspecto cognitivo, o que supõe que o educador deva ser um facilitador da aprendizagem do indivíduo.

b) *É penetrante*: de acordo com a teoria proposta, o ensino deve suscitar mudanças nas atitudes e na personalidade, com base na compreensão que se inicia nas relações estabelecidas.

c) *É avaliada pelo educando*: para que o ensino seja realmente significativo, os conteúdos trabalhados devem ir ao encontro das necessidades dos educandos, ou seja, se o que está sendo visto trouxer uma possibilidade de mudança em sua qualidade de vida, por exemplo, com certeza tornar-se-á significativo.

d) *Significar é a sua essência*: conforme o autor, o ato de significar faz parte do desenvolvimento do ser humano, pois permite a ele desenvolver-se como um todo.

Diante do que foi exposto até o momento, sugerimos, se possível, que a separação dos grupos por profissão e posição hierárquico-funcional na fazenda permita ao capacitador melhor conduzir o processo, de maneira a incorporar a leitura de mundo daquele grupo. Por exemplo, trabalhar somente com vaqueiros permite ao capacitador utilizar exemplos referentes à rotina de trabalho desses sujeitos, além de que exercer a mesma profissão facilitaria o engajamento do grupo, diminuindo possíveis inibições.

Espaço físico dos encontros

O espaço físico onde ocorrem os encontros para que o processo de ensino-aprendizagem se concretize nem sempre é considerado pelos capacitadores. Todavia, este precisa ser um ambiente em que os sujeitos possam se sentir acolhidos, de maneira que necessita de algumas condições, por exemplo: ser um ambiente limpo, protegido do calor, do frio e da chuva, próximo a banheiros e ter lugares para se sentar. Deve-se procurar dispor em círculo as cadeiras. O círculo permite que todos possam se visualizar, o que ajuda a estabelecer uma relação horizontal entre capacitador e vaqueiro.

É importante também que, durante o curso, haja alimentação aos educandos, devendo os contratantes fornecer refeições de boa qualidade: café da manhã, almoço e café da tarde. A preocupação humanística com o processo de ensino-aprendizagem e a formação dos sujeitos passam também pela qualidade de vida de tais educandos, o que implica proporcionar, além de um ensino diferenciado, refeições de qualidade para os vaqueiros, mostrando o apreço e o respeito que o capacitador tem com cada sujeito daquele local.

Apresentação

Assim que iniciar a aula teórica, é importante que o capacitador se apresente, dizendo o nome, o porquê de estar naquele local, qual a sua intenção, o que espera que os educandos aprendam e o que se espera deles. Deve-se lembrar sempre de salientar que, para o processo educacional funcionar, deverá ocorrer a dialogia, portanto, o diálogo de ambas as partes. Após a apresentação do capacitador, deve-se pedir que cada vaqueiro se apresente. Caso o educador sinta um clima de inibição por parte dos vaqueiros, neste momento poderá ajudá-los colocando algumas informações ao grupo referente à vida daquele trabalhador, uma vez que o capacitador já conhece a realidade e alguns dos vaqueiros devido à etapa do diagnóstico. Por exemplo: "Este é o senhor Francisco, ele trabalha como vaqueiro há dez anos, cinco nessa propriedade, é isso, seu Francisco?" Ações como essa são facilitadoras nos momentos de inibição.

Metodologia – diálogos problematizadores

Passada a etapa de apresentação, é importante retomar a temática a ser discutida no curso, colocando algumas questões a fim de se iniciar um diálogo problematizador (FREIRE, 1987). Essas questões podem ser ofertadas uma a uma para os vaqueiros, sendo acompanhada de alguma foto, vídeo, desenho etc. A adoção dessa estratégia fica a critério do capacitador e dos recursos físicos que encontre no local do curso. Os diálogos problematizadores são uma importante estratégia didática, pois permitem ao grupo se envolver na discussão proposta, além de o capacitador ajudá-los na construção e apropriação do conceito. A imagem se constitui como um importante recurso didático, uma vez que, além de ilustrar o conteúdo proposto, fornece o enfoque da situação referida. O diálogo problematizador permite ao capacitador propor, aos poucos, questões ao grupo (caso não haja a interação no início, deve esperar um pouco, pois logo haverá). À medida que o capacitador vai levantando questões, ele mesmo pode "jogar" alternativas de respostas ao problema: nesse momento, ele pergunta ao grupo de vaqueiros quem pensa da mesma forma ou de forma diferente. Ao fazer esse jogo de escuta e fala, o grupo de vaqueiros e o capacitador vão interagindo e, sendo a palavra "prenhe" de resposta, todos são respondentes desde a fala e não o silêncio.

Recursos físicos disponíveis

A utilização de recursos sempre fez parte do espaço pedagógico. O uso da lousa foi substituído pela alta tecnologia do computador acoplado ao *data show*. Nesse espaço, o capacitador prepara de antemão as suas aulas, poupando tempo. Entretanto, essa flexibilização de empregar a mesma aula em vários contextos produtivos pode ser um problema. Dessa forma, o capacitador busca utilizar todo o diagnóstico e planejamento do local onde ocorrerá o processo de ensino-aprendizado, a fim de incorporá-lo a sua aula. Durante a elaboração das aulas o capacitador deve tomar cuidado com o conteúdo das projeções multimídia, atentando-se para os seguintes aspectos: projeções com pouco texto; linguagem acessível àquele grupo; poucos ou nenhum gráfico; uso intenso de fotos; uso frequente de vídeos curtos com enfoque em apenas um determinado conteúdo e conceito; utilização de fotos e vídeos recolhidos durante a etapa de diagnóstico (quando possível); exemplos da realidade daquele grupo profissional; mostra dos benefícios do novo manejo e da prática de BEA com base nos relatos dos vaqueiros; utilização de material didático disponibilizado ao grupo como suporte no processo de aprendizagem.

Aula prática

Nesse tópico trataremos especificamente das ações práticas que o capacitador deverá realizar a fim de fazer o processo de ensino e aprendizagem relativo ao BEA e manejo racional. Não nos deteremos na prática relativa aos conteúdos que devem conter um bom curso de manejo racional, mas apenas discutiremos a parte metodológica da condução de tais práticas. Todavia, é importante que o capacitador desenvolva, para esse momento, as dinâmicas relativas aos seguintes conteúdos: grau de reatividade dos animais, uso das bandeirolas, manejo racional no curral, manejo neonatal, manejo pré-abate, manejo para vacinação e pesagem dos animais, entre outros.

Metodologia das aulas práticas

Os meios de ensino, como visto, são um processo intencional, necessitando, portanto, de planejamento a fim de desenvolver capacidades cognitivas para a viabilização da atividade de transmissão e apropriação dos conhecimentos, que se dá de forma ativa. Assim, propomos uma didática que garanta o domínio dos conhecimentos relativos ao manejo racional e BEA, por meio da unidade entre teoria e prática.

Cabe ao capacitador retomar, no momento da prática, os conteúdos trabalhados nas aulas teóricas. Deve ainda, fazer com que os próprios vaqueiros busquem dar respostas às atividades propostas. Por meio dessa atitude o capacitador pode avaliar se os vaqueiros aprenderam ou não os conteúdos propostos. Nessa etapa do processo de ensino, o capacitador separa os vaqueiros em pequenos grupos ou duplas a fim de que possam realizar as atividades em campo. O processo formativo ocorre sempre por meio da cooperação coletiva e participação individual das atividades propostas, ou seja, a parceria entre os vaqueiros se deve pelo fato de um ajudar o outro nos vários tipos de manejo racional. Nesse momento, é importante que cada membro da equipe de capacitadores fique com um pequeno grupo para fornecer as instruções. Esses sujeitos demonstrarão como deve ser realizado o novo manejo, estando disponíveis a responder eventuais dúvidas dos vaqueiros. Assim, os capacitadores poderão explicar cada ação que estiver sendo executada pelos vaqueiros, mostrando ou fazendo observações sobre o que poderia ocorrer se tivessem uma postura ou atitude distinta daquela apresentada na atividade. Os capacitadores buscam ainda neste momento ajudá-los de uma forma mais particular, durante as atividades para que essas possam ser exequíveis.

Como dito anteriormente, a prática é essencial à reflexão teórica, por isso necessita de uma mediação intencional em todos os momentos do processo. É importante que o formador do grupo auxilie a execução das atividades práticas de maneira que todos participem pelo menos uma vez de cada atividade proposta.

Avaliação

A avaliação do processo de ensino e aprendizagem é um dos grandes problemas de qualquer processo formativo, tanto em ambientes formais quanto nos não formais. Tal fato se deve à formação dos educadores e capacitadores devido às práticas que possuem, pois aquelas continuam alicerçadas no ensino tradicional. Dessa maneira, é necessário que os formadores valorizem novas práticas avaliativas, devendo estas ser diversificadas, buscando acompanhar o educando em seus progressos e dificuldades, a fim de fornecer indicadores para o aprimoramento de sua própria prática.

Avaliação é, portanto, um instrumento de construção do conhecimento e de diagnóstico, pois permite verificar como o planejamento é efetuado, o que se deve manter e o que deve ser modificado, possibilitando ao capacitador avaliar o processo de construção dos conteúdos abordados durante as aulas teóricas e práticas (LUCKESI, 1997).

A partir do momento em que temos consciência de que os processos formativos relacionados à capacitação envolvem mudança e crescimento contínuos, a avaliação passa a ser vista como um instrumento de apoio às dificuldades dos educandos, permitindo um ensino significativo no processo de aprendizagem, sendo, portanto, um instrumento educativo.

No contexto dos cursos de capacitação do BEA e manejo racional, os formadores devem estar atentos às dificuldades e replanejar a condução das aulas caso seja necessário. Os capacitadores buscam, nessa etapa, avaliar a conduta dos educandos em termos de comportamento, atitudes e expressão vinculada à linguagem postural e gestual, de maneira a se posicionarem em relação às mudanças necessárias em sua própria prática:

> [...] a questão que se coloca a nós, como professores e alunos críticos e amorosos da liberdade, não é, naturalmente, ficar contra a avaliação, de resto necessária, mas resistir aos métodos silenciadores com que ela vem sendo às vezes realizada. A questão que se coloca a nós é lutar em favor da compreensão e da prática da avaliação como instrumento do "que-fazer" de sujeitos críticos a serviço, por isso mesmo, da liberdade e não da domesticação: Avaliação em que se estimule o falar *a* como caminho do falar *com*.[4]

Paulo Freire nos fala da necessidade de um processo avaliativo fundamentado em uma prática de autoavaliação e/ou avaliação mútua e permanente da prática educativa, pois "a avaliação é da prática educativa, e não de um pedaço dela" (FREIRE, 1982, p. 94). Portanto, tanto capacitador como vaqueiro saberão quais

---
4 FREIRE, 2001, p. 25, grifos do autor.

são as suas dificuldades e progressos sempre em busca do ser mais, de maneira que a prática de avaliação seria um acompanhamento dialogado, buscando a inclusão dos sujeitos, que no caso desta proposta são os vaqueiros. A prática avaliativa dialogada, e em parceria, permite ao capacitador estar aberto a diferentes estratégias de aprendizagem utilizadas pelos alunos na resolução de um dado problema, levando o grupo à reflexão sobre o erro, de maneira a proporcionar a autoavaliação.

Para finalizar, os capacitadores devem pensar a avaliação nesse sentido formativo e emancipatório, propiciando a parceria entre aquele que ensina e aquele que aprende, de maneira a viabilizar uma verdadeira aprendizagem significativa, em que a leitura de mundo antecede a da palavra, permitindo que o "capital cultural" de um grupo excluído possa se afirmar e se legitimar sem que haja a invasão cultural, como tem ocorrido.

Atividades pós-curso

Para que o curso seja realmente aproveitado em sua totalidade, é necessário que haja um acompanhamento posterior das atividades realizadas pelo grupo de vaqueiros, gerentes e proprietários das fazendas de gado de corte. Visitas esporádicas, bem como uma formação continuada são importantes a fim de que realmente as mudanças nas atitudes e na postura no trabalho sejam realizadas. Entendemos como pós-curso os materiais disponibilizados (cartilhas e panfletos), visitas a fim de responder a eventuais dúvidas, novos cursos ou dinâmicas, e ainda um trabalho com os familiares, esposas e filhos.

O trabalho com esposas e filhos pode ser concomitante ao trabalho realizado com os grupos de vaqueiros. A importância de se trabalhar com esses familiares se deve ao engajamento destes no processo de mudança de postura do marido, pai, amigos, colegas, entre outros. Percebe-se que, quando as esposas e filhos se envolvem na temática do trabalho exercida pelo pai, o encorajamento às mudanças de postura e cobranças começa a ocorrer. Ao se realizar um trabalho junto às crianças e mulheres, esse grupo começará a entender o que é BEA, modificando, portanto, as atitudes e posturas frente a eles, fazendo com que tenhamos nos próximos anos uma porcentagem maior da população que respeita o animal em seu tratamento. Trabalhos pedagógicos em escolas também devem ocorrer de maneira a complementar as informações passadas pela equipe formadora na fazenda.

A mediação desses conteúdos por tais profissionais, seja pela equipe de capacitadores, seja por parte dos professores, faz com que haja a aproximação da realidade vivenciada e experimentada pelos pais dos alunos, levando a uma melhor relação entre eles e, principalmente, fazendo com que exista maior dialogia e afetividade entre os familiares.

Considerações finais

O século XXI trouxe com ele inúmeras mudanças em termos de relações, seja na ligação interpessoal entre os sujeitos, seja nas que ocorrem entre sujeitos e animais. Responsabilidade social, sustentabilidade, qualidade no processo/produto, rastreabilidade, entre inúmeros novos conceitos exigidos por consumidores, levaram o sujeito a trabalhar junto aos animais a rever e modificar a sua postura. A temática BEA e manejo racional ganha força quando se fala de gado de corte; por essa razão, aqueles que fornecem seus produtos aos frigoríficos utilizando antigos manejos acabam ficando de certa forma fora do mercado. Primeiro, pelo fato de muitos não quererem uma carne oriunda de um animal que sofreu maus-tratos em toda a sua existência. Segundo, pelo fato de o produtor ter perdido grande parte de sua mercadoria durante o manejo pré-abate, por causa de hematomas e demais contusões.

Visto isto, capacitações na temática BEA e manejo racional vêm adentrando nos países que compõem a América Latina; todavia, a forma como esses cursos são conduzidos precisa ser melhor pensada de maneira que surja algum resultado em termos qualitativos e quantitativos. As sugestões aqui propostas, relativas às conduções desses cursos, buscaram abordar as melhores práticas pedagógicas com base nos relatos de capacitadores e vaqueiros, público-alvo desses cursos. Portanto, esperamos que essas diretrizes possam ser postas em prática a fim de que mudanças de atitudes e posturas perante os animais, mas principalmente em relação aos trabalhadores, sejam realmente efetivadas nas rotinas produtivas das fazendas de gado de corte. Percebemos que a mudança no manejo melhora a qualidade de vida dos trabalhadores, devendo, assim, gerentes e proprietários das fazendas pensar antes nas relações interpessoais de seus trabalhadores, uma vez que são eles – e somente eles – que estão à frente de todo o processo da cadeia produtiva bovina. Há a necessidade de se olhar para o todo humano e o todo da cadeia produtiva que se inicia no curral, no manejo animal.

Capítulo VII.

Prevenção da dengue como estratégia educativa no contexto escolar

VIVIAN BONANI DE SOUZA GIROTTI*

A dengue no Brasil

Para o Ministério da Saúde (BRASIL, 2002), a dengue pode ser um dos principais problemas de saúde pública no mundo, e estima-se que entre 50 a 100 milhões de pessoas se infectem anualmente. De acordo com Sales (2008), as epidemias de dengue, no Brasil, estão relacionadas à elevada infestação domiciliar pelo mosquito transmissor *Aedes aegypti*, o que, de certa maneira, torna-se possível pelos hábitos comportamentais dos brasileiros em relação à dengue. Ainda segundo o Ministério da Saúde (BRASIL, 2002), cerca de 550 mil doentes necessitam de hospitalização e 20 mil morrem em consequência da dengue: ou seja, esse número representa o aumento dos gastos de recursos públicos, que vão além da prevenção, sendo voltados para a remediação de um problema instalado no País que pode envolver mudanças de práticas culturais.

O Brasil, desde a década de 1980, tem enfrentado muitas dificuldades para o controle da doença

---

* Mestre e graduada em Psicologia pela Unesp (Universidade Estadual Paulista, *campus* Bauru/SP). Professora da Faculdade de Tecnologia, Ciências e Educação (Fatece, *campus* Pirassununga/SP).

causada pelo vírus da dengue (TEIXEIRA, 2008), principalmente devido às condições socioambientais que são favoráveis à expansão do *Aedes aegypti*, possibilitando a dispersão do vetor e, com isso, possibilitando o aumento do número de pessoas contaminadas pelo vírus. Assim, a boa adaptabilidade do vetor ao ambiente urbano densamente povoado, juntamente à ausência de uma vacina eficaz e segura, à gravidade dos sintomas de contágio e, sobretudo, às deficiências e estilos de vida da população, que geram *habitats* ideais para este mosquito, a prevenção da dengue se torna uma tarefa quase impossível de ser atingida com os atuais meios disponíveis (BARRETO; TEIXEIRA, 2008).

Na busca por melhorias na forma de combate aos avanços da dispersão do vetor e, consequentemente, ao número de infectados, o governo brasileiro vem ampliando seus projetos. Em 1996, foram apresentados dois projetos: o primeiro incluía várias ações específicas de combate ao mosquito, intervenções em políticas urbanas essenciais e o combate químico ao *Aedes aegypti*, sendo planejadas, portanto, estratégias e metas nas áreas de Saneamento Ambiental, Educação, na informação e ampla mobilização social, com o objetivo de erradicação do vetor. Entretanto, entraves políticos, administrativos e financeiros impossibilitaram a sua execução e, assim, não foi possível verificar se essa proposta traria os benefícios esperados (BARRETO; TEIXEIRA, 2008).

O segundo projeto, denominado Programa de Erradicação do *Aedes aegypti* (PEAa), resultou em um fortalecimento das ações de combate ao vetor, com um significativo aumento dos recursos utilizados para essas atividades. Entretanto, ainda com as ações de prevenção centradas quase que exclusivamente nas atividades de campo de combate ao *Aedes aegypti*, essa estratégia, segundo o Ministério da Saúde, comum aos programas de controle de doenças transmitidas por vetor em todo o mundo, mostrou-se incapaz de responder à complexidade epidemiológica da dengue. De acordo com Brassolatti e Andrade (2002), o PEAa não enfatizou a educação e a participação da comunidade; assim, até 2002, o combate vetorial químico foi executado quase exclusivamente (BARRETO; TEIXEIRA, 2008).

Diante da inviabilidade de uma política de erradicação do vetor a curto prazo, o governo brasileiro, com o objetivo de estabelecer um novo programa que incorporasse elementos como a mobilização social e a participação comunitária (indispensáveis para responder de forma adequada a um vetor altamente domiciliado), desenvolveu, como órgão gerenciador de políticas públicas na melhoria das condições de vida da população, o Programa Nacional de Controle da Dengue (PNCD), visando a novas ações para mudanças mais efetivas em relação aos modelos anteriores.

Nesse sentido, compreendendo a importância dos elementos de mobilidade social e participação comunitária para a efetivação do PNCD (BRASIL, 2002), diversas ações voltadas para essas questões devem ser tomadas, ou seja, ações educativas para a prevenção e controle da dengue, que incluam metas que envolvem componente de ações integradas em educação, comunicação e mobilidade social.

De acordo com Sales (2008), as atividades educativas têm cada vez mais responsabilidades no sentido de favorecer o engajamento da população e a eliminação dos criadouros; entretanto, as diversas estratégias desenvolvidas pelo governo que visam à redução do número de casos de dengue no País, apesar de proporcionarem um aumento no conhecimento sobre a dengue, parecem não contribuir expressivamente para essa redução. No ano de 2015 as estatísticas apresentadas pelo Governo demonstram um alto número de casos: de acordo com levantamento do Ministério da Saúde, até março de 2015, o Brasil registrou 224.101 casos de dengue (BRASIL, 2015).

Conforme Sales (2008), em um estudo sobre as ações educativas para prevenção e controle da dengue e as estratégias utilizadas nas ações educativas, as práticas educativas em saúde são por vezes divergentes e ineficazes para impactar a doença; as dificuldades encontradas nessas ações vão desde o conteúdo das mensagens educativas descontextualizadas à ênfase nas campanhas sanitárias.

Assim, apesar de prever componentes como: o fomento do desenvolvimento de ações educativas para a mudança de comportamento e a adoção de práticas para a manutenção do ambiente domiciliar preservado da infestação por *Aedes aegypti*; a comunicação social para divulgar e informar ações de educação em saúde e mobilização social para mudança de comportamento e hábitos da população, buscando evitar a presença e a reprodução do *Aedes aegypti* nos domicílios, por meio dos recursos disponíveis na mídia (BRASIL, 2002); as muitas dificuldades e limites das estratégias de educação, comunicação e mobilidade utilizadas (TEIXEIRA, 2008).

Muitas campanhas publicitárias são lançadas todos os anos, como, em 2008/2009 a *Campanha Nacional de Combate a Dengue: Brasil Único contra a dengue – O Brasil não pode parar*. Tal campanha, de caráter de conscientização envolveu disponibilização a toda população de um material informativo[1] com descrições a respeito do que cada indivíduo deve fazer para as medidas de prevenção, como não deixar água acumulada sobre as calhas, ou manter a caixa d'água fechada, entre outros. Além da disponibilização desse material, na página virtual vinculada ao *site* do Ministério da Saúde, constavam diversas informações sobre a dengue, seus avanços, notícias de implementações governamentais para seu combate e incentivo para organização de mutirões (vistorias nas residências pelos agentes de vetores, limpezas de terrenos e coleta de lixo).

Essas mesmas campanhas instrucionais lançadas na mídia são sugeridas para serem utilizadas por instituições de ensino, por meio dos professores, para o ensino de alunos: por exemplo, no *site* do Ministério da Saúde há um espaço reservado para que professores e alunos encontrem materiais informativos para o ensino sobre a dengue, incluindo frases que os professores devem ensinar às crianças para combaterem a doença. No entanto, apesar dessa iniciativa, percebe-se que não há disponível no *site* o modo como os professores devem ensinar isso, e assim fica a critério de cada um ensinar aos alunos tais comportamentos da maneira que julgarem.

De acordo com Lefèvre *et al.* (2004), observa-se que a população parece saturada das campanhas educativas. Além disso, as

---

1 Disponível em: <portal.saude.gov.br/portal/saude/visualizar_texto.cfm?idtxt=36111>

130

mensagens produzidas mantiveram o enfoque no combate ao vetor (informações sobre o vetor, seus criadouros e sobre sua doença) ou no manejo ambiental; porém essas ações educativas não foram suficientes para promover mudanças de comportamento ou aumento na participação.

Apesar de alguns estudos evidenciarem que o efeito de uma campanha educacional pode reduzir os criadouros de *Aedes aegypti* mais efetivamente que produtos químicos (SALES, 2008), Lefèvre *et al.* (2004) levantaram a hipótese de que essas campanhas educativas não funcionam justamente em função da opção pedagógica adotada.

Observa-se que a "conscientização" (no sentido de estar esclarecido, de estar ciente de alguma coisa) de modo algum garante integral envolvimento com ações práticas, pois grande parte da população, embora "consciente" da importância da prevenção à proliferação do vetor (assim como a grande maioria da população está "consciente" da necessidade de conservação de água, energia elétrica, petróleo e outros recursos naturais), não se engaja efetivamente em práticas (envolvendo comportamentos coletivos articulados para uma determinada finalidade) de prevenção.

Assim, muitas vezes, o saber sobre algo não garante o saber sobre como fazer para produzir consequências adequadas, ou seja, saber explicar como prevenir a dengue não garante o saber operacional – isto é, como promover consequências de ações que poderão contribuir efetivamente para a redução de casos de dengue (TODOROV; MARTONE; MOREIRA, 2004).

Segundo Andrade e Brassolatti (1998), a educação de uma comunidade sobre os aspectos da doença deve permitir uma mudança de atitude ou comportamento, mas essa educação é delicada, pois envolve a participação geral e se relaciona a um benefício coletivo. Tal educação, que inclui mudanças nas atitudes ou nos comportamentos das pessoas, pode ser possibilitada no contexto escolar, uma vez que este pode ser um ambiente importante para desenvolver tal questão pois, como base para o envolvimento da população no controle de vetores como o da dengue, a escola acaba por envolver a maioria dos membros da família, além de poder oferecer um excelente material didático. Tal educação pode ser possibilitada também pela incorporação do tema ao conteúdo programático e sua reprodução nos anos subsequentes, pela oportunidade de aproximação de um problema existente na comunidade, e principalmente por necessitar de mudanças de atitude.

Portanto, parece fundamental para a redução do número de casos a ampliação ou instalação de novas práticas que envolvem a população, com o intuito de prevenção contra a proliferação do mosquito. Ou seja, trata-se de um problema que envolve a instalação e consolidação de práticas comportamentais preventivas ainda ausentes na maioria da população envolvida, e assim o planejamento de práticas educativas no contexto escolar pode ser uma estratégia para a superação do problema da dengue.

Ferreira e Carrara (2009) indicaram, por exemplo, que mesmo em contexto escolar pode-se ampliar o conjunto de comportamentos voltados para a cidadania. O aluno, muitas vezes, não tem a possibilidade de pensar e discutir sobre as questões sociais, econômicas e políticas de sua realidade, bem como criticar e assumir uma posição nessas questões. Cabe à educação e à psicologia o papel de modificar essa visão, segundo a qual a criança é potencializada como agente transformador da sociedade (FERREIRA; CARRARA, 2009). Por isso a importância do desenvolvimento de pesquisas e estudos que possibilitem algum tipo de modificação do sistema educacional vigente, sugerindo que ele pode ser pensado em relação a comportamentos que envolvam práticas mais específicas, como redução ou prevenção de proliferação de mosquito vetor da dengue.

Nesse sentido, torna-se possível propor algumas reflexões: como ensinar esses alunos a desenvolver tais conjuntos de comportamentos no contexto escolar? É possível considerar o ensino desses comportamentos igual ao ensino de matemática ou português? E os professores, precisam ser ensinados também?

O que se percebe é que talvez tais comportamentos envolvam sistemas mais complexos nas relações entre pessoas, ou seja, parece ser uma questão cultural. Assim, apesar de estarem previstos nos Parâmetros Curriculares Nacionais[2] (PCN, 1997) e o próprio governo incentivar o ensino desses comportamentos nas escolas, observa-se a necessidade de considerar estudos diretamente voltados para o desenvolvimento de estratégias para ensino de comportamentos para a prevenção e controle da dengue no contexto escolar.

Nesse sentido, este estudo tem como objetivo apresentar e discutir uma estratégia educativa para a prevenção da dengue no contexto escolar, como prática para o ensino e a aprendizagem de comportamento de prevenção ou controle da dengue.

O objetivo é fornecer indicativos de como pode ser realizado o ensino dos comportamentos envolvidos no conjunto de ações para a prevenção e o controle da dengue, com base no exemplo de uma intervenção educativa de prevenção da dengue no contexto escolar. Com base, portanto, nas características descritas na proposta "Intervenção educativa no contexto escolar" sugeriu-se uma análise da intervenção educativa na prevenção da dengue, segundo alguns aspectos das aproximações instrucionais baseadas em evidências.

Com isso, buscou-se avaliar em que medida as estratégias sugeridas por tais métodos de ensino baseado em evidências – especificamente, as aproximações instrucionais baseadas em seus pressupostos – podem sugerir ou não uma reflexão sobre o desenvolvimento de estratégias para implementação de programas de prevenção à dengue, considerando os comportamentos dos indivíduos voltados para tal questão.

Para a discussão da estratégia educativa aqui apresentada são considerados como referências: a análise comportamental[3], base para o estudo do comportamento humano, e os métodos educacionais do ensino baseado em evidências.

---

2 Os PCN pretendem orientar as ações educativas no ensino e, com isso, melhorar a qualidade do ensino nas escolas brasileiras, entre as ações sugeridas encontram-se os "Temas Transversais e Ética", que incluem, entre as questões sociais consideradas relevantes, a Saúde. Apesar de ser elaborado em uma perspectiva construtivista, que não será base para a discussão do artigo, os PCN, ao sugerirem tais temas, abrem caminho para que ações educativas no contexto escolar em relação à dengue possam ser realizadas.

3 Não se pretendeu aqui esgotar todos os princípios conceituais presentes na análise do comportamento.

A análise do comportamento e aproximações instrucionais baseadas em evidências

Entre os princípios básicos da análise do comportamento, destaca-se aqui a compreensão sobre comportamento humano, que pode ser compreendido não apenas com base na ação do indivíduo sobre algo ou em relação a algo, mas na interação da ação com o meio (interno ou externo), envolvendo aspectos antecedentes e consequentes dessa ação que possivelmente alteram a maneira como o indivíduo se comportará novamente. Ou seja, a ação do organismo produz alterações no ambiente, que por sua vez afetam o seu comportamento futuro, de maneira a aumentar ou diminuir sua probabilidade de ocorrência, estabelecendo uma função para cada comportamento (SKINNER, 1998).

Com isso, acredita-se que a análise do comportamento pode contribuir no esclarecimento do que é o "processo ensinar-aprender", incluindo suas características, e estas podem, portanto, vir a contribuir na compreensão de tal processo em práticas educativas para prevenção da dengue, e com isso o processo educacional pode ser melhor planejado (KUBO; BOTOMÉ, 2001). O planejamento é uma das marcas fundamentais do processo educacional:

> Planejar práticas educacionais mais eficientes não significa somente escolher um material adequado para o curso que será ministrado, conhecer minimamente as características das pessoas que participarão do processo de aprendizagem, pesquisar e utilizar métodos efetivos de ensino que de fato propiciem condições para o aprendizado etc. Planejar significa também ter total clareza dos objetivos que se quer alcançar, ou seja, saber especificar claramente os comportamentos que gostaríamos de observar em nossos alunos ao final do processo, assim como fornecer as condições mais apropriadas para que esses comportamentos sejam de fato adquiridos.[4]

Assim, acompanhando as preocupações da análise do comportamento com o processo de ensino e aprendizagem, algumas aproximações instrucionais baseadas em evidências buscaram em seus pressupostos apoio para se desenvolverem. Estas foram apresentadas por Moran e Malott (2004), no livro

---
4 TODOROV; MOREIRA; MARTONE, 2009, p. 289.

Evidence-Based Educational Methods, e são: Precision Teaching (PT), Direct Instruction (DI), Computerized Teaching (CT) e Personalized System of Instruction (PSI). De acordo com Todorov, Moreira e Martone (2009, p. 295), essa obra não somente apresenta "algumas metodologias de ensino que são eficazes em detrimento de outras, mas sim [apresenta] métodos de ensino que tiveram sua eficácia comprovada de acordo com o rigor da ciência".

Os métodos educacionais do ensino baseado em evidências foram projetados para melhorar a aprendizagem do aluno. Os educadores passam a selecionar os métodos de ensino apoiados por dados confiáveis e válidos fundamentados em experimentos científicos. Assim, passa-se a usar métodos considerados mais eficazes e que forneçam dados empíricos sobre o desempenho (para comparar, avaliar e monitorar o progresso), que, por sua vez, mostrem empiricamente a aprendizagem do aluno: ou seja, as práticas são avaliadas por efeitos mensuráveis (MORAN, 2004).

De acordo com Moran e Malott (2004), as quatro aproximações de ensino são baseadas em princípios comportamentais e cada uma incorpora os princípios da instrução efetiva – ou seja, os objetivos comportamentais presentes, como: fornecer informações precisas, modelos competentes; fornecer muitas oportunidades para "o responder" ativo; oferecer *feedback* imediato sobre a precisão das respostas; permitir ritmo próprio; ensinar o domínio de conteúdo; reforçar precisamente "o responder" e com frequência medi-lo diretamente; utilizando-se dos resultados dessas medidas, tomar decisões instrucionais que incorporam os princípios de ensino efetivo, permitindo aos alunos acesso à educação que é seu direito.

Segundo Fredrick e Hummel (2004), o que caracteriza a instrução efetiva ou os procedimentos quantitativos (práticas, métodos e técnicas) é a necessidade da certificação do processo de ensino e aprendizagem por meio de práticas passíveis de avaliação, possibilitando o desenvolvimento de procedimentos de ensino que demonstrem seus efeitos por meio da mensuração. Ou seja, a mensuração, em resumo, é base para verificar os efeitos das práticas, e a efetividade do ensino é mensurada por meio de avaliações de desempenho.

Os autores destacam ainda outros parâmetros para tal mensuração: fluência, (que envolve exatidão *versus* tempo, rapidez e flexibilidade); combinação e aplicação da habilidade mais simples às mais complexas; manutenção das habilidades mesmo com pouca ou nenhuma prática; generalização e resistência, ou seja, as habilidades aprendidas podem ser mantidas ao longo do tempo e generalizáveis para outros contextos; e autonomia. Além disso, a instrução efetiva tem como princípios que sustentam as ações do professor, que devem ser adequados às características do aluno, a necessidade de clareza de objetivos pretendidos pelo professor. Assim, o professor deve ter claro exatamente o que o aluno deve aprender, bem como sustentação de modelos de aprendizagem; deve ainda fornecer oportunidade para "o responder" atrativo e fornecer consequências para a ação do aluno.

Em relação aos princípios do ensino preciso, aquele que aprende tem sempre razão, ou seja, o programa deve se adequar ao estudante, dadas as suas dificuldades. Também deve haver observação direta do comportamento daquele que aprende; utilização da sua frequência de comportamento como base para avaliar seu desempenho; e uso dos gráficos como recurso para mensuração do desempenho, pela quantificação dos erros e acertos emitidos pelo aluno (demonstração constante do desempenho o gráfico). Isso permite a predição, ênfase nas respostas iniciais, ampla visualização (o professor consegue ver o desempenho em diferentes períodos do ensino e, assim, planejar ou replanejar suas estratégias), bem como o armazenamento das respostas e das alterações relacionadas ao processo de ensino e aprendizagem (MERBITZ *et al.*, 2004).

Na instrução direta há três componentes básicos que podem permitir que a instrução seja efetiva: estratégia de ensino generalizável; uso de programas com instruções específicas, visando à promoção do desenvolvimento sistemático por meio do desenvolvimento de aulas cuidadosamente organizadas, estruturáveis em forma de roteiro; garantia, pelo professor, de que cada passo foi atingido para dar continuidade ao processo – ou seja, toda instrução deve ter uma sequência e ser eficaz. Assim, o professor pode dividir os conteúdos em: estágios de ensino, fornecendo prática pelo teste da aprendizagem, que envolve modelar, explorar e checar; e ênfase na interação aluno-professor, organizando a instrução de forma que permita alta qualidade da interação. Dessa forma, pode-se dividir os alunos em grupos pequenos e homogêneos, administrando o seu engajamento, por meio do *feedback* positivo e da correção efetiva: mostrar o erro (SLOCUM, 2004).

No ensino computadorizado, a principal característica é o uso de computadores e *softwares* para ensinar o conteúdo, sendo portanto um instrumento que auxilia o professor na elaboração de atividades e no acompanhamento do aprendizado do aluno, por meio de conteúdos que considerem as etapas do processo de aprendizagem. Assim, o professor desempenha o papel de mediador para poder avaliar e criar situações-problema, para que a informação se transforme em conhecimento.

Na prática são apresentadas perguntas sobre alguns tópicos e avaliam-se a velocidade das respostas dos alunos e o número de questões respondidas com sucesso (medidas dentro de um determinado período de tempo). A vantagem é que se podem criar simulações, dado um modelo realista de uma situação pelo qual o aluno pode responder e receber *feedback*. As simulações podem também fornecer integração das competências existentes em contextos reais, com o objetivo final de promover a generalização de aprendizagem para situações naturais (DESROCHERS; GENTRY, 2004).

Outro método de ensino considerado é o PSI, que tem a qualidade da flexibilidade, possibilitando o uso de uma diversidade de recursos educacionais. As características principais são: domínio sequencial do conteúdo, ênfase na palavra escrita, ritmo próprio, papel indispensável do tutor, aulas e demonstrações como veículo de motivação (FOX, 2004; KELLER, 1968; 1983; MOREIRA, 2004; TODOROV; MOREIRA; MARTONE, 2009).

Considera-se também que o sucesso da implementação dessas estratégias está diretamente relacionado à adesão da população.

No caso do contexto escolar, envolve grupo de alunos, professores, direção etc., sendo tal adesão possível pela alteração ou mudança dos comportamentos dos envolvidos, para ser interessante a adoção.

Breve descrição da intervenção educativa no contexto escolar

O exemplo de intervenção educativa no contexto escolar aqui apresentado foi encontrado em três artigos, intitulados, respectivamente, "Controle da dengue: um desafio à educação da sociedade" publicado em 1998 e "Avaliação de uma intervenção educativa na prevenção da dengue" publicado em 2002 (ambos de Rejane Cristina Brassolatti e Carlos Fernando S. Andrade), e "Uma educação especial para o controle biológico dos vetores da dengue", de Carlos Fernando S. Andrade, publicado em 1998.

Apesar de não terem como objetivo principal a descrição da intervenção proposta, os artigos trazem detalhes sobre uma disciplina oferecida pela Escola de Extensão da Unicamp (Extecamp), com 20 horas de duração (em cinco dias) – para professores do ensino básico e médio –, chamada Educação para o Manejo Integrado dos Vetores da Dengue.

De acordo com Andrade (1998), até o ano de 1998 essa disciplina já havia sido oferecida pelas escolas particulares de Campinas (SP), por algumas administrações municipais do Estado de São Paulo, como Santos, Campinas e Ribeirão Preto, e por duas capitais (Cuiabá e Belo Horizonte).

O curso estruturado teve como pressuposto informar, treinar, formar, instrumentalizar e estimular os educadores a atuarem como multiplicadores junto aos seus colegas, alunos e, por extensão, à comunidade, além de aprenderem sobre os vetores da dengue e aspectos da doença em aulas teórico-práticas ministradas na universidade. Foram 46 participantes alocados em duas turmas, 39 deles professores do ensino médio e fundamental, uma coordenadora da área pedagógica da Secretaria Municipal de Educação e seis funcionários municipais da área da Saúde (dois deles também professores).

Para a realização do curso, as aulas teóricas e práticas do curso foram baseadas em um manual (35 páginas) com informações sobre o histórico da doença, a sintomatologia, biologia e ecologia de mosquitos, os índices populacionais, a epidemiologia e orientação para o estabelecimento das armadilhas e criação dos agentes de controle, com ilustrações, exercícios e transparências para as aulas e exposições sobre a dengue e o manejo de mosquitos (ANDRADE, 1998; BRASSOLATTI; ANDRADE, 2002).

Fornecidos instrumentos didáticos para a identificação de mosquitos e armadilhas para vigilância, todos os participantes receberam um *kit* com material para trabalhar com os alunos e para o trabalho de vigilância dos vetores da dengue em suas respectivas escolas e locais de trabalho (ANDRADE, 1998; BRASSOLATTI; ANDRADE, 2002).

Para o trabalho de vigilância semanal nas escolas e para o controle biológico dos vetores, os participantes receberam duas armadilhas na forma de uma seção de um terço de pneu de motocicleta com alça e etiquetas grandes em acetato. Receberam também uma criação inicial de dois agentes de controle biológico, a planária *Girardia tigrina* e o copépodo *Mesocyclops longisetus*, e ainda placas de Petri com cultura de *Bacillus thuringiensis var. israelensis* (Bti), além de um frasco contendo a bactéria na forma de produto comercial (Vectobac, Abbott, Laboratório do Brasil) para demonstrações do controle microbiano dos pernilongos. Receberam também uma prancha com fotos coloridas sobre os sintomas da dengue clássica e da hemorrágica em crianças (foto de pessoas doentes), uma figura com os típicos criadouros do mosquito vetor, além de uma pasta com recortes de artigos e notícias de jornais e revistas sobre a questão da dengue (BRASSOLATTI; ANDRADE, 2002).

O curso também contou com uma avaliação prévia e outra final desse trabalho educativo, feitas com o grupo participante dos professores, uma amostra de seus alunos e parte da comunidade de relação desses professores. As avaliações constituíram-se de questionários, entrevistas e visitas às respectivas escolas onde lecionava cada professor participante e também às moradias da amostra de alunos, para observação dos ambientes escolar e doméstico, quanto à existência e aos cuidados com criadouros potenciais dos vetores da dengue.

Análise da intervenção educativa na prevenção da dengue, segundo aspectos das aproximações instrucionais baseadas em evidências

Pode-se dizer, primeiramente, que o curso, por meio das avaliações prévia e final do trabalho educativo, sugere uma verificação da eficácia do programa. De acordo com Brassolatti e Andrade (2002), foi possível identificar a redução ou eliminação da criação dos vetores da dengue nos ambientes escolares e também um esperado aumento do conhecimento dos participantes, mas um aumento menos significativo nos ambientes escolares livres de sítios potenciais de criação do mosquito.

A avaliação prévia pode fornecer dados do que pode sugerir uma linha de base sobre o que os professores entendiam acerca da dengue: por exemplo, em relação ao processo educativo como uma medida importante para a prevenção da dengue, somente 7% dos participantes mencionaram tal aspecto (BRASSOLATTI; ANDRADE, 2002). Apesar de o artigo avaliado não trazer informações se esse dado foi importante para a estruturação dos conteúdos do curso, ele pode ser utilizado neste sentido: aquele que estrutura o curso pode, por exemplo, incluir nos conteúdos do curso a importância das práticas educativas como forma de prevenção, estando atento às demandas do aluno.

Com isso, o curso apresentado, apesar de ter sido realizado em um período de cinco dias totalizando 20 horas, pode ser elaborado em etapas graduais de conhecimentos a serem aprendidos, conforme sugerem as propostas metodológicas da instrução direta e do PSI.

As avaliações que foram realizadas pelos autores, após a realização do curso (um mês, dois meses, oito meses e um ano depois, respectivamente), sugerem a preocupação em avaliar tal intervenção, no sentido de observar o quanto o que foi ensinado no curso ainda estava sendo colocado em prática. Comparando com o que o ensino preciso afirma, essas avaliações poderiam também ser utilizadas no sentido de possibilitar a mensuração do conteúdo aprendido (MERBITZ *et al.*, 2004), sendo, por exemplo, expostas em um gráfico ou tabela que demonstrem o desempenho do professor. Além disso, as avaliações poderiam ser aplicadas de maneira mais frequente, buscando uma maior proximidade com os comportamentos dos participantes. Entretanto, não foi possível identificar se tais avaliações permitiram a reprogramação das estratégias apresentadas no curso, e como ocorreram. Os autores não apresentaram quais questões estiveram presentes nas avaliações, o que dificulta avaliar em que medida elas correspondem ao que esperam os avaliadores.

Outro aspecto a ser destacado é que o curso pode fornecer a prática do que foi realizado nele; mesmo não sendo citado pelos autores, pode-se dizer que ele pode favorecer a generalização, ou seja, manutenção das habilidades aprendidas ao longo do tempo e generalizáveis para outros contextos e outra autonomia, características importantes destacadas na instrução efetiva (MORAN, 2004). Pois, na avaliação realizada em relação a atividades de informação desenvolvidas pelos professores, aproximadamente 95% mantiveram suas atividades; porém, é possível afirmar que o fato de tais avaliações estarem atreladas aos comportamentos verbais dos participantes, pode fazer com que estes respondam de acordo com as expectativas dos entrevistadores e não necessariamente em função dos comportamentos envolvidos nessa atividade. Ou seja, manifestar-se verbalmente em concordância com o questionamento sobre a prevenção pode não significar (não corresponder) à adoção de mesma intensidade de ações e ainda o saber sobre (declarativo) pode não se aplicar ao saber como (operacional) (TODOROV; MARTONE; MOREIRA, 2004).

Nesse sentido, a descrição criteriosa dos comportamentos que são esperados para a prevenção da dengue se torna importante para o saber operacional. Com isso, os objetivos do curso citados – informar, treinar, formar, instrumentalizar e estimular os educadores – devem conter tal descrição, na medida em que esses comportamentos são considerados essenciais para contribuir na redução dos criadouros. Por isso, devem estar presentes e muito bem instalados no repertório cotidiano dos indivíduos, constituindo parte integrante e imprescindível de suas práticas culturais, levando em conta seu caráter reforçador de longo prazo: a preservação da saúde coletiva. Os comportamentos da população, quando devidamente mantidos por reforçadores, podem tornar o combate mais efetivo (MICHELETTO, 2001). Ao agir e ser reforçado por uma ação, o homem é controlado pelo efeito da própria ação.

Ao buscar a descrição clara dos repertórios comportamentais dos indivíduos, deve-se estabelecê-los de uma maneira que, quando deparados com tal situação, possam se comportar, mantendo práticas favoráveis à cultura. Ou seja, cabe ao indivíduo não apenas saber sobre tal prática ou tais necessidades de mudanças, mas também saber como (saber operacional).

Além disso, em relação aos materiais utilizados, apesar de serem apresentados, não se sabe dizer como estes foram elaborados, e que tais materiais contribuem para que os objetivos sejam atingidos; portanto, não se pode dizer que o curso teve preocupação em fornecer informações precisas e modelos competentes para os professores que participaram. No entanto, considera-se que o curso pode ser analisado levando em conta as sugestões do PSI em relação à disponibilização de materiais para os participantes lerem (FOX, 2004). E como sugestão, na exposição do tema, pode-se dizer que as ideias do ensino computadorizado podem complementar um modelo realista de uma situação na qual o aluno poderia responder e receber *feedback* individualizado. Esse tipo de ensino poderia fornecer oportunidades para *feedback* imediato sobre a precisão das respostas.

Considerações finais

Num primeiro momento torna-se importante ressaltar que muitos detalhes do curso não foram bem expostos pelos autores, uma vez que não eram seus objetivos, o que pode limitar e (por assim dizer) até mesmo dificultar uma discussão mais próxima do que de fato tenha ocorrido na prática educativa citada. Entretanto, de alguma maneira, o exemplo pode servir de base para refletir sobre como se pode tornar possível uma estruturação de práticas de intervenção no contexto escolar pautadas em sugestões das aproximações instrucionais baseadas em evidências. Além disso, não se pretendeu esgotar aqui as discussões a respeito das características das aproximações de instrucionais baseadas em evidências nem dos pressupostos da análise do comportamento, mas sim sugerir uma discussão inicial, como um incentivo àqueles que buscam sistematizar suas práticas.

Sabe-se que, quando nos deparamos com práticas culturais, parece difícil identificar formas ou estratégias de se ensinar a uma dada população ou grupo determinados comportamentos, pois muitos comportamentos esperados da população – em relação ao esperar que faça (ou aprenda) – ficam basicamente vinculados a campanhas da mídia ou ações como distribuição de folhetos, cartazes, palestras e campanhas de combate.

Muitos são os desafios colocados aos analistas do comportamento que se deparam com práticas culturais consideradas prejudiciais para a sociedade e para o indivíduo. Estabelecer novas oportunidades, para que se possa pensar em como atuar nas mudanças dessas práticas culturais, pode ser foco de atuação desse profissional, no sentido de se atentar para o planejamento de estratégias mais efetivas para consolidação de práticas culturais favoráveis aos indivíduos e aos grupos a que estão agregados. Nesse sentido, prover estratégias para o ensino e aprendizagem de repertórios comportamentais que de fato alterem determinada prática –, por exemplo: como instilar em um determinado grupo de indivíduos as atitudes para que comportamentos "destrutivos" para sua cultura sejam reduzidos ou até mesmo eliminados – pode se tornar uma possibilidade de atuação para os analistas do comportamento preocupados com essa questão.

Capítulo VIII.

A contribuição da ciência política na formação democrática do oficial das Forças Armadas

HUMBERTO LOURENÇÃO*

Se a guerra é a antiga arte da Humanidade, a profissão militar é uma criação moderna, sendo o oficialato, especificamente, um produto genuíno do século XIX (HUNTINGTON, 1996). Os exércitos são símbolos de soberania; são também emblemas de progresso técnico e de modernidade. A criação de exércitos permanentes, dotados de um corpo de oficiais e de um corpo administrativo profissionalizado, faz parte do processo de modernização que é inseparável do crescimento das economias nacionais (ROUQUIÉ, 1991). O aparecimento de um corpo de oficiais autônomo criou o problema das relações entre civis e militares no interior do Estado, levantando questões sobre a peculiaridade da formação do combatente profissional e dos conteúdos necessários a essa formação.

A relação entre civis e militares forma o principal componente institucional da política

---

* Bacharel e licenciado em Filosofia (PUC-PR) e em Psicologia (UFPR); especialista em Filosofia da Educação (PUC-PR); MBA em Gestão Pública (FAAP); mestrado em Ciência Política (Unicamp) e doutorado em Ciências Sociais (Unicamp); pós-doutorado em Psicologia (USP); professor associado da Academia da Força Aérea (AFA).

de segurança nacional, em seu propósito de proteção e fortalecimento das instituições sociais, econômicas e políticas. A política de segurança nacional compreende a prévia identificação das vulnerabilidades internas e/ou externas que ameacem (ou tenham o potencial de derrubar ou enfraquecer) as estruturas nacionais, em sua integridade populacional, territorial e institucional. A maior virtude dessa política é desenvolver um sistema de relações entre civis e militares que eleve ao máximo a segurança militar com o sacrifício mínimo de outros valores sociais, como os democráticos e liberais. A pergunta básica se refere ao modelo possível de relação entre civis e militares que melhor atenda aos imperativos de manutenção da segurança da nação.

Um dos principais braços da política de segurança nacional é a política militar, programa de atividades destinado a minimizar ou neutralizar esforços tendentes a enfraquecer ou destruir um país por meio de Forças Armadas, que operam de fora de suas fronteiras institucionais e territoriais. A título de exemplo, tem-se a estratégia dissuasória, em que apenas a exibição das armas basta para se obter um comportamento desejável do adversário. A política militar é um dos instrumentos de poder do Estado, os quais envolvem os seguintes itens operacionais (HUNTINGTON, 1996):

a) questões quantitativas dos efetivos, recrutamento e manutenção das Forças Armadas, incluindo a questão fundamental da proporção de recursos do Estado consignados às necessidades militares;

b) questões qualitativas de organização, composição, equipamento e desdobramento das Forças Armadas, incluindo os tipos de armas e material bélico, localização de bases, programas de ação com aliados e questões semelhantes;

c) questões dinâmicas da utilização de Forças Armadas, como saber quando e em quais circunstâncias uma força terá que ser empregada.

O foco da questão entre civis e militares é a relação entre a oficialidade militar e o Estado. Enquanto a oficialidade é o elemento dirigente ativo da estrutura militar que executa a política de segurança militar, o Estado é o elemento dirigente ativo da sociedade, responsável pela distribuição de recursos entre importantes valores que incluem a política de segurança militar.

Relações civil-militares nas sociedades democráticas

Em sociedades que se pretendem democráticas a definição da política de segurança nacional, incluindo a definição da política militar, constitui uma prerrogativa própria do poder político. A democracia requer que as Forças Armadas, assim como todas as outras seções não eleitas do poder público, sejam subordinadas aos funcionários eleitos, de acordo com o ordenamento jurídico e institucional estabelecido. Ou seja, ocorre a supremacia do poder político, legítimo e representativo, na formulação e definição da denominada "grande estratégia", expressa em políticas de defesa e militar. À estrutura militar cabe fornecer recursos, análises e alternativas táticas para que o poder político possa definir como o Estado vai empregar ou não sua força militar. Portanto, o controle civil sobre os meios militares é essencial para a democracia. Para Huntington (1996), além do valor democrático, a segurança nacional está mais bem assegurada por militares que cultivam seus valores organizacionais autônomos em uma instituição politicamente neutra e profissional, entretidos em desenvolver e aprimorar sua perícia funcional de instrumentos de guerra e dissuasão.

No sistema presidencialista, em que o chefe do governo acumula a função de chefe do Estado, cabe ao poder Executivo designar os objetivos políticos do Estado, enquanto o *staff* burocrático, tanto civil quanto militar, tem o dever de executar e gerenciar as políticas públicas necessárias para alcançar tais objetivos. Como essa burocracia deve ser composta segundo critérios baseados na competência técnica, não deve ser vedada aos militares sua inclusão nas discussões das políticas públicas nas quais eles tenham pretensões, justas, de oferecer sua opinião técnica. A situação de tomada de decisão das lideranças civis sob assessoramento militar pode gerar desconfianças de ambos os lados: no militar, como um não reconhecimento do seu profissionalismo, quando os civis não seguem suas recomendações; no civil, quando o aconselhamento militar parecer encobrir posicionamentos corporativistas. Nesse caso, o controle civil sobre os militares requer uma competência satisfatória por parte dos civis sobre assuntos militares, inclusive para que as políticas de defesa formuladas sejam exequíveis (ZAGORSKI, 1992). Sobre isso há um debate ainda em aberto, que envolve questões de difícil resolução e potencialmente geradoras de conflitos, cujo foco consiste em definir quais temas são internos às Forças Armadas, isto é, referem-se ao profissionalismo e à autonomia da instituição militar, e quais são externos, isto é, requerem uma interferência política por parte do controle civil.

Segundo esse princípio da subordinação do poder militar ao poder civil ou político, obviamente, as organizações militares, como todo o aparato administrativo civil, devem se manter neutras em termos de orientação partidária ou governamental, exercendo o papel de consultoria técnica e de execução de diretrizes. Tal subordinação se expressa nos seguintes fatores na organização do Estado (PRZEWORSKY, 1989):

a) comando das Forças Armadas pelo chefe de Estado;
b) isenção política das Forças Armadas e total afastamento do seu emprego para fins partidários;
c) as orientações políticas da organização militar e de seu preparo decorrem do poder político e da subordinação do aparelho militar;
d) intervenção do poder militar no plano nacional ou no campo das relações internacionais deriva exclusivamente de decisão do poder político, na condição de instrumento da força estatal, não em decorrência de decisão institucionalmente autônoma.

A questão da intervenção militar na política brasileira e a necessidade da formação democrática do oficialato militar

Os militares são atores políticos que, desde o final do Império, estiveram presentes nos acontecimentos mais significativos da história brasileira: Proclamação da República, Revolução de 1930, implantação e queda do Estado Novo e Golpe de 1964. Este último, a partir da derrubada do governo constitucional de João Goulart, inaugurou um regime autoritário e centralizador, munido de instrumentos contrários ao regime democrático: implantação de um sistema bipartidário; supressão de eleições diretas para presidente da república (sendo todos generais de exército), governadores e prefeitos das capitais e de várias cidades de interesse estratégico; submissão da ordem constitucional à ordem institucional que restringiu liberdades políticas (por exemplo, por meio do julgamento de delitos políticos pela Justiça Militar) e suspendeu o *habeas corpus*; implantação de um amplo sistema de repressão política (OLIVEIRA; SOARES, 2000).

O processo "pelo alto" de redemocratização na política brasileira, de forma "pactuada", em razão da inorganicidade dos atores sociais de fins da década de 1980, não permitiu que, no âmbito político-partidário, o debate sobre a inserção dos militares no novo regime se caracterizasse por proposições mais audaciosas, incluindo mudanças substantivas na reordenação constitucional da função das Forças Armadas (OLIVEIRA; SOARES, 2000). Assim, adiou-se a necessária tarefa de redefinir a função dos militares no ordenamento constitucional brasileiro, para situá-los em uma posição condizente com um regime democrático, inserindo mecanismos que os subordinem ao poder civil.

No plano ideológico, após a Redemocratização – coincidindo com o fim da Guerra Fria, em que a preocupação com o inimigo comunista deixou de ser relevante – as Forças Armadas passaram a se concentrar em suas questões internas, arrogando o direito de permanecerem autônomas, isentas do controle do poder político, enquanto procuraram influenciar os termos da

Constituição de 1988 que se referiam à definição de sua importância e função no Estado brasileiro. Essa influência resultou na autodeterminação da própria natureza da profissão militar, com o estabelecimento de extenso rol de qualidades autoatribuídas, e na autodeterminação de como deve ser a sua inserção na sociedade e na política.

A definição constitucional – resultado do *lobby* das Forças Armadas durante o período de funcionamento da última assembleia constituinte – se inseriu em um contexto maior de esforço das Forças Armadas em preservar e legitimar seu papel histórico de guardiães da sociedade e dos seus valores constitutivos, e de mantenedores da Lei, da ordem, da segurança e das instituições nacionais. A histórica preponderância política das Forças Armadas dificultou a aceitação de que devessem constitucionalmente se restringir à defesa externa do País:

> Portanto, a permanência das atribuições relativas à manutenção da lei e da ordem passou a significar a própria identidade das Forças Armadas, pois estava intrinsecamente ligada à autonomia institucional constituída e a seu papel no sistema político.[1]

Esse esforço de preservação de *status* se manteve por ter sido percebido endogenamente como necessário, dada sua repercussão no estabelecimento do tamanho, disposição geográfica, projetos e recursos materiais endereçados às Forças Armadas. Isso ocorre devido à prerrogativa do Congresso Nacional em definir o orçamento geral da União, determinada pela Constituição de 1988, fazendo com que as Forças Armadas também passassem a depender da atuação favorável da classe política.

Não obstante atualmente ser improvável que ocorra uma nova intervenção golpista das Forças Armadas brasileiras, nada garante que, no futuro, isso não volte a ocorrer. O "crepúsculo das tiranias" não significa que o parêntese militar esteja para sempre fechado (ROUQUIÉ, 1991). Segundo Finer (1962), apesar da inabilidade técnica das Forças Armadas para administrar o Estado, além da falta de legitimidade e moral para governar, o profissionalismo não

---

1 OLIVEIRA; SOARES, 2000, p. 105.

garante que os militares não intervenham na política. Corroborando a crítica de Finer (1962) à ênfase no profissionalismo proposto por Huntington (1996), segundo Rouquié (1991) – tratando da América Latina – quem acreditou que a profissionalização do corpo de oficiais seria o penhor do apolitismo acabou se equivocando; as tarefas históricas de edificação nacional e estadista, somadas à responsabilidade pelas funções de defesa interna, não o predispuseram à neutralidade.

Assim, postula-se, amparado em Finer (1962, p. 25), que as Forças Armadas somente se abstêm de intervir no poder político quando acreditam em um princípio explícito – o "princípio da supremacia civil" – que deve ser ensinado por meio de uma educação política baseada na cultura democrática. Essa cultura democrática não se restringe aos conteúdos teóricos; ela deve se fazer presente na prática cotidiana da formação dos oficiais militares, questionando aquela disciplina exclusivamente burocrática, alicerçada na obediência acrítica, com ameaças e/ou emprego de corretivos e punições, inibindo iniciativas, mudanças e participação dos membros.

Dessa forma, a disseminação de valores democráticos na formação do oficialato militar contribuiria para a consolidação, extensão e o aprofundamento da cidadania e do Estado de direito a todos os brasileiros. Na educação do oficialato é preciso ressaltar que crises das instituições políticas, econômicas e sociais na democracia fazem parte do processo democrático e podem ser resolvidas por meios políticos, em uma concepção de segurança democrática, na medida em que a democracia é a fonte legítima da segurança e da soberania nacionais. Essa formulação é enfatizada para procurar combater uma prática recorrente de institucionalização na história brasileira: as associações entre civis e militares de inspiração golpista que procuravam resolver as crises políticas baseadas em intervenções militares "provisórias" e dependentes da "legitimidade" dos parceiros civis (STEPAN, 1971). Mesmo sem descambar para o autoritarismo, como no regime pós-1964, essas associações, obviamente, não valorizavam a democracia nem se empenhavam por sua consolidação –

justamente pela falta de convicção na democracia, por parte de militares e civis.

A ciência política como fundamento da formação democrática

Na tarefa de internalizar valores democráticos na elite do braço armado do Estado e de promover sua inserção na cultura de direitos humanos, tornando-a particularmente mais esclarecida a respeito dos aspectos ideológicos de sua participação na vida nacional, uma área do conhecimento das ciências humanas assume papel preponderante: a ciência política.

A ciência política estuda o fenômeno do poder, desde suas manifestações individuais e domésticas, que ocorrem no cotidiano das relações interpessoais, até aquelas que se referem às relações interestatais. Conforme a definição aristotélica do homem como "animal político", verifica-se que, nas sociedades humanas civilizadas, diversamente do que ocorre em sociedades de animais não humanos regidas pela "lei do mais forte", ocorre a artificialidade do poder político. Assim, observa-se historicamente que toda sociedade com certo grau de complexidade em suas relações de produção adotou alguma forma de organização política com fins de dirimir conflitos de interesses, ou de consolidar o predomínio de alguns grupos.

Além da política doméstica ou interna, as unidades políticas – a partir da Idade Moderna, os estados nacionais – concorrem entre si, executando o que se denomina política externa. As relações interestatais são marcadas pela projeção de poder dos Estados mais fortes sobre os menos fortes, seja atuando no comércio exterior, na diplomacia ou na guerra. Em sua política exterior – em virtude da situação de anarquia internacional e da ausência de uma autoridade política mundial – os estados soberanos buscam aplicar todos os recursos materiais e humanos disponíveis para a proteção de seus interesses nacionais (WALTZ, 1979). Segundo Ferreira (1988), no que se refere às relações interestatais, toda estratégia deve ter em mente tanto a gradação em ordem de importância dos interesses nacionais como a linha política que seguirá: de manutenção do *status quo*, de prestígio ou imperialista. Obviamente, toda definição estratégica se baseia no estudo do poder da ciência política.

Nesse movimento, a guerra, declarada ou latente, tem sido o fator preponderante das relações internacionais ao longo da História. Sendo as Forças Armadas as operadoras da guerra, torna-se de substancial importância que o oficialato conheça o ordenamento jurídico proposto pelo direito internacional, e, ainda com maior profundidade, a história, as teorias e as análises conjunturais das Relações Internacionais (RI), entendida aqui como disciplina da Ciência Política.

De modo geral, a ação efetiva requer o entendimento que não existe sem uma teoria que o consubstancie (NGAIRE, 1996). O estudo da teoria política se torna ainda mais necessário incorporada nos conceitos, enquadramentos analíticos e enfoques utilizados por estrategistas e planejadores de emprego de forças.

No estudo das manifestações de poder, a dificuldade estrutural em alcançar níveis elevados de objetividade científica faz com que elementos ideológicos passem a impregnar qualquer teorização política. A relevância do fator ideológico deriva da necessidade que todo sistema político busca de justificar sua existência mediante argumentos ideológicos; tradição, bem comum, vontade popular etc. não são realidades objetivas plenamente demonstráveis, e sim formulações teóricas que objetivam reforçar a legitimidade de um governo ou a aceitação de determinada prática política. Dessa forma, um dos principais objetos dos estudos políticos é o conjunto de interesses e ideologias em confronto no interior das sociedades: as doutrinas sociais, entre elas o militarismo. Assim, os estudos políticos permitem ao oficial combatente compreender melhor sua profissão, sua inserção no conjunto das ideologias sociais que sustentam sua prática, tornando-a mais consciente da natureza e dinâmica do jogo democrático e da importância do controle civil sobre a estrutura militar.

Por fim, a ciência política também traz elementos que contribuem para o esclarecimento da inserção das Forças Armadas na estrutura do Estado, com base na definição constitucional de suas funções. Regularmente as Forças Armadas existem para defender a nação, ou seja, defender um povo unido por vínculos étnicos, culturais e linguísticos, cuja vontade política se expressa no Estado nacional. Definido como a instituição que manifesta o poder político, aquele que faz cumprir as leis sobre determinada população e território, o Estado, segundo Weber (2004), é um tipo de associação política especial, que tem condições de reivindicar com êxito o exercício do monopólio da violência física legítima num determinado território. Nesse sentido, pertencendo à estrutura repressora do Estado, cabe à oficialidade das Forças Armadas se inteirar da estrutura de segurança do Estado a que pertence para melhor se posicionar quanto aos temas relativos à segurança pública, como: combate ao crime organizado urbano; combate aos ilícitos transnacionais, particularmente em áreas de fronteira; manutenção da segurança pública em casos de greves das polícias estaduais etc. O desenvolvimento de uma clara consciência de obediência ao poder civil, acompanhada de uma lúcida distinção entre as responsabilidades militares e civis resultaria na superação e dissolução do dispositivo constitucional que atribui às Forças Armadas a incumbência complementar de manutenção da Lei e da ordem.

O ensino de ciência política do oficial das Forças Armadas brasileiras: o caso da Aeronáutica

O Ministério da Defesa do Brasil possui três grandes academias militares para a formação de oficiais que compõem suas Forças Armadas, a saber: a Academia Militar das Agulhas Negras (Aman), que forma oficiais do Exército; a Escola Naval (EN), que forma oficiais da Marinha; e a Academia da Força Aérea (AFA), que forma oficiais da Aeronáutica. Essas academias possuem cursos de formação de oficiais que, além de buscarem fornecer a capacitação de nível técnico-operacional necessária para o exercício da profissão, visam também fazer com que os futuros oficiais internalizem a denominada doutrina militar ou militarismo: conjunto de valores, crenças, atitudes e comportamentos que caracterizam o ser militar.

A AFA abriga três quadros militares, também chamados de "armas": aviação, intendência e infantaria. Cada quadro possui um curso próprio, com uma grade curricular específica, a saber:
- Curso de Formação de Oficiais Aviadores (CFOAv), que forma pilotos militares.
- Curso de Formação de Oficiais Intendentes (CFOInt), que forma gestores, com ênfase em finanças públicas e em logística militar.
- Curso de Formação de Oficiais de Infaria (CFOInf), que forma combatentes de solo, para a proteção de aeródromos e outros apoios bélicos, em que se destacam a manipulação de armamentos e os exercícios de campanha.

Os cursos têm duração de quatro anos em tempo integral; assim, seus alunos, denominados "cadetes da Aeronáutica", permanecem residentes na instituição, em regime de internato, por estes quatro anos, descontados os períodos de férias e alguns feriados e fins de semana.

Para a formação desses cadetes, entre outras estruturas, a instituição abriga a Divisão de Ensino (DE), responsável pela formação científica e técnico-especializada, na qual os cadetes recebem em torno de oito aulas diárias, teóricas e práticas, ministradas, majoritariamente, por um corpo de professores com doutorado. O quadro de alunos da AFA compreende cerca de 800 jovens, de ambos os sexos, com idades entre 17 e 23 anos.

Nos três cursos desenvolvidos na AFA, o ensino de Ciência Política possui uma carga horária pouco extensa. Seus principais temas têm sido trabalhados nas disciplinas de Direito, Economia, História Militar e, principalmente, Sociologia. Esta última tem incluído em seu plano de ensino os seguintes tópicos: formação das instituições sociopolíticas brasileiras; movimentos sociais e suas correlações com cidadania e cultura política; o Estado brasileiro e sua estrutura em termos de defesa e segurança nacional.

Avalia-se que esses conteúdos são necessários, mas insuficientes para que o futuro oficial da Força Aérea tenha uma formação em Política mais consistente. Tópicos fundamentais não são tratados diretamente, como teorias e conjunturas das relações internacionais e, principalmente, relações civis-militares no interior do Estado. Tais temas, seguindo a argumentação acima, viriam ao encontro da formação democrática do oficial, contribuindo, consequentemente, com a efetividade de seu exercício profissional e melhor inserção no regime democrático.

Capítulo IX.

A didática da teoria dos quatro pilares da educação de Jacques Delors: experiências vividas

CLAUDIO ROMUALDO*

A educação mundializada é uma necessidade às gerações que se encontram na escola, pois não existem fronteiras numa civilização cognitiva em que as ferramentas mais ficcionais já estão presentes na realidade, como linguagens de programação, novos meios de comunicação (redes sociais como Facebook, Google Plus, Flickr e Twitter), informações na *cloud computing*, robótica, uso de impressoras 3D e tantos outros. Entretanto, há autores que apontam para a globalização como perversidade:

> De fato, para a maior parte da humanidade a globalização está se impondo como uma fábrica de perversidade. O desemprego crescente torna-se crônico. A pobreza aumenta e as classes médias perdem em qualidade de vida. O salário médio tende a baixar. A fome e o desabrigo se generalizam em todos os continentes. Novas enfermidades como a SIDA se instalam e velhas doenças, supostamente

---

* Diretor-geral da Fatece, mantenedor da Faculdade Dourado de São Paulo, diretor da Escola Metropolitana de Ribeirão Preto-SP e do Colégio Copérnico de Franca – SP. Graduado em Filosofia pela PUC-PR e em Pedagogia pela União das Faculdades Claretianas (Uniclar). Mestre em Educação pelo College of Letters and Science (CLS – AWU, Estados Unidos). Mestre em Desenvolvimento Regional pelo Centro Universitário Municipal de Franca (Unifacef). Doutor *honoris causa* em Educação, pelo Conselho Iberoamericano de Educação, Lima, Peru.

extirpadas, fazem seu retomo triunfal. A mortalidade infantil permanece, a despeito dos processos médicos e da informação. A educação de qualidade é cada vez mais inacessível. Alastram-se e aprofundam-se males espirituais e morais, como os egoísmos, os cinismos e a corrupção. A perversidade sistêmica que está na raiz dessa evolução negativa da humanidade tem relação com a adesão desenfreada aos comportamentos competitivos que atualmente caracterizam as ações hegemônicas. Todas essas mazelas são direta ou indiretamente imputáveis ao presente processo de globalização.[1]

Apesar das visões críticas da globalização, torna-se inevitável pensar a educação desenvolvida num cenário em escala mundial: portanto, a histórica tendência de se fazer educação localizada, focada numa visão endógena de cidade, estado e país ficará para trás, na complexa educação brasileira. O Brasil, como nos apresenta Celso Antunes, construiu sua história educacional olhando no que era feito lá fora e reproduzindo conforme seus interesses sociais, políticos e culturais. Os currículos foram, por décadas, copiados do modelo francês e já no século XX importaram-se modelos e procedimentos educacionais norte-americanos:

> A globalização trouxe mudanças severas e, quase que de uma hora para outra, era importante pensar na livre circulação das ideias e dos produtos, e que seria necessária alguma padronização educacional para que executivos de um país não se sentissem "peixes fora d'água" quando necessitassem interagir ou trabalhar em outros. Mas, à globalização se somou a popularização da internet e o alcance de novos saberes que se tornavam disponíveis para todos. Quase que de uma hora para outra se descobria que se informar era fácil, aprender atividade que requeria apenas um computador e alguns programas e que já não mais importava a quem vivesse isolado dos grandes centros a oportunidade de estar plenamente por dentro de tudo quanto no mundo acontecia.[2]

Uma escola que prepara o "cidadão universal" tem em seu ato educativo, saberes significativos. Esses saberes significativos revelam um ensinar para o mundo, segundo o qual o que é ensinado no Brasil, é ensinado no Japão, principalmente quando se trata de saberes atitudinais, valores, habilidades e competências profissionais. Acredita-se que "necessitará preparar o aluno para viver seu futuro sem se preocupar com o lugar"

---

1 SANTOS, 2010, p. 19-20
2 Idem, 2013, p. 11-12

(ANTUNES, 2013, p. 13). Descobre-se hoje que não é possível educar para a vivência e para a produção somente em nível nacional e sim preparar alunos para a experiência de novas terras e culturas, novos saberes e fazeres. "A nova nacionalidade que estes caminhos sugerem exclui pátrias pessoais ou nações particulares" (ANTUNES, 2013, p. 13).

A Unesco, em 1990, patrocinou na cidade de Jomtien, na Tailândia, a Conferência Nacional sobre Educação, cujo propósito era discutir a chamada educação mundializada, visto que a globalização alterava todo o cenário mundial e, portanto, havia a urgência em mudar os rumos da educação, do ambiente escolar em toda a terra. "Seria descobrir referências que, além das informações, pudessem educar a pessoa humana em toda a sua plenitude" (ANTUNES, 2013, p. 15).

O expoente principal dessa conferência foi Jacques Delors. Nascido no dia 20 de julho de 1925, em Paris, estudou economia na Sorbonne e foi presidente da Comissão Europeia entre 1985 e 1995.

A Comissão Internacional sobre Educação para o Século XXI, dirigida por Jacques Delors e financiada pela Unesco, foi criada oficialmente em 1993 e era composta por mais 14 personalidades mundiais, vindas de diversas realidades educacionais, culturais e profissionais. O *Relatório para a Unesco da Comissão Internacional sobre Educação para o século XXI* apresenta os membros:

> Jacques Delors (França), presidente, ex-ministro da Economia e da Fazenda, ex-presidente da Comissão Europeia (1985-1995). In'am Al Mufti (Jordânia), especialista em condição feminina, conselheira de sua Majestade, a rainha Noor Al-hussein, ex-ministra do Desenvolvimento Social. Isao Amagi (Japão), especialista em Educação, conselheiro especial do ministro da Educação, Ciência e Cultura, além de presidente da Fundação Japonesa para o Intercâmbio Educativo (BABA). Roberto Carneiro (Portugal), presidente da TVI (Televisão Independente), ex-ministro da Educação. Fay Chung (Zimbábue), ex-ministra para Assuntos Internos, criação de empregos e cooperativas, integrante do Parlamento, ex-ministra da Educação, diretora do Education Cluster (Unicef, Nova Iorque). Bronislaw Geremek (Polônia), historiador, deputado da Assembleia Polonesa, ex-professor do Collège de France. William Gorham (Estados Unidos), especialista em Política Pública,

presidente do Urban Institute de Washington, D.C. desde 1968. Aleksandra Kornhauser (Eslovênia), diretora do Centro Internacional de Produtos Químicos de Liubliana, especialista de relações entre desenvolvimento industrial e proteção do meio ambiente. Michael Manley (Jamaica), sindicalista, professor universitário e escritor, primeiro-ministro de 1972 a 1980 e de 1989 a 1992. Maristela Padrón Quero (Venezuela), socióloga, ex-diretora de pesquisa da Fundación Romulo Betancourt, ex-ministra da Família, diretora da Divisão da América Latina e do Caribe (FNUAP, Nova Iorque). Marie-Angélique Savané (Senegal), socióloga, membro da Comissão sobre Governabilidade, diretora da Divisão da África. Karan Singh (Índia), diplomata e várias vezes ministro, em especial da Educação e Saúde; autor de várias obras nas áreas do Meio Ambiente, Filosofia e Ciência Política; presidente do Templo da Compreensão, importante organização internacional interconfessional. Rodolfo Stavenhagen (México), pesquisador em Ciências Políticas e Sociais, professor no Centro de Estudos Sociológicos, El Colegio de Mexico. Myong Won Suhr (Coreia do Sul), ex-ministro da Educação, presidente da Comissão Presidencial para a Reforma da Educação. Zhou Nanzhao (China), especialista em educação, vice-presidente e professor do Instituto Nacional Chinês de Estudos Educacionais.[3]

A Comissão, por meio do aprofundamento das realidades educacionais em vários cantos do mundo, focou-se nas crianças e nos adolescentes. "A educação é também uma declaração de amor à infância e à juventude, que devem ser acolhidas nas nossas sociedades" (TEIXEIRA, 2010, p. 5).

A educação passa a ser refletida por essa Comissão como uma vantagem para que as sociedades mundiais consigam alcançar seus ideais de paz, de liberdade e de justiça social. Há uma crença de que a educação é a via que conduz o indivíduo para um desenvolvimento humano mais tranquilo e legítimo, cujo resultado seja a produção de atitudes mais humanas, menos excludentes, menos opressivas e mais igualitárias.

O relatório da Comissão aponta para um caminho: "suscitar o interesse da sociedade pela educação ao longo da vida" (TEIXEIRA, 2010, p. 8). Pensar nessa perspectiva parece ser o código para os novos tempos do século XXI, pois este se apresenta com diversos desafios ao ser humano, impondo-o cada vez mais à experiência do aprender a aprender.

---

3 TEIXEIRA, 2010, p. 41-42.

O trabalho da Comissão apresentou uma proposta de uma educação orientada para "quatro tipos fundamentais de aprendizagem", denominados "os quatro pilares da educação: *aprender a conhecer, aprender a fazer, aprender a conviver e aprender a ser*" (ANTUNES, 2013, p. 15).

Anteriormente à reflexão dos quatro pilares da educação como proposta para uma educação mundializada, faz-se necessária uma outra reflexão que se remete ao sujeito que aprende. Esses sujeitos, nas diversas sociedades, são denominados alunos. Segundo João Márcio (2011, p. 13):

> Quem sabe originário de um hibridismo linguístico, aluno é considerado por alguns, etimologicamente, como "sem luz", por outros como "aquele que está sendo nutrido". A questão é que, nascido do grego ou latim, é um signo que determina o tratamento, os espaços didáticos, os pressupostos educacionais, as disciplinas, os objetivos e planos preestabelecidos.

Na história da educação é imperativa a visão em diversos momentos e situações segundo a qual o professor ou mestre ocupa todo o espaço com a sua importância e valor. O conhecimento está centrado nele, sua atuação é autoritária e conduz à heteronomia nas suas relações. Assim:

> Um nome é mais do que uma mera convenção social, é um batismo linguístico que molda o futuro do sujeito. O aluno figura passiva e dependente, sofre em sua autonomia, porque qualquer iniciativa própria é vista como desobediência e transgressão das leis.[4]

A alteração do nome aluno para educando é uma tentativa histórica de devolver a liberdade de aprender, de conhecer o mundo pelos seus olhos e a possibilidade de sair da caverna.

O educando é um indivíduo que tem fome de vida, "é um sujeito construtor de seu conhecimento" (MÁRCIO, 2011, p. 15).

Aprender a conhecer

Durante muitas décadas a educação se pautou na ideia de que havia somente duas inteligências a serviço do homem:

---
4 MÁRCIO, 2011, p. 13.

lógico-matemática e linguística; os resultados eram quantitativos, ou seja, pela maior quantidade possível de informações armazenadas na cabeça.

O psicólogo Howard Gardner, no século passado, na década de 1980, trouxe à Humanidade os estudos da Universidade de Harvard, ao que se denominou Teoria das Inteligências Múltiplas. O indivíduo possui outras inteligências como a musical, cinestésica, espacial, interpessoal, intrapessoal, naturalista, existencial e, evidentemente, lógico-matemática e linguística.

A Teoria das Inteligências Múltiplas teve muito eco no mundo todo e contribuiu para uma mudança de paradigma, pela qual a aprendizagem do sujeito, denominado educando pela escola, fosse significada dentro das suas múltiplas produções.

Segundo Celso Antunes (2013, p. 16):

> Essa aprendizagem se refere à aquisição dos instrumentos do conhecimento, desenvolvendo nos alunos o raciocínio lógico, a capacidade de compreensão, o pensamento dedutivo e intuitivo e a memória. O importante é não apenas despertar nos estudantes esses instrumentos, como motivá-los a desenvolver sua vontade de aprender e querer saber mais e melhor. Pretende-se assim despertar em cada aluno a sede do conhecimento, a capacidade de pesquisar cada vez melhor e a vontade de desenvolver dispositivos e competências intelectuais que lhes permitam construir suas próprias opiniões e seu pensamento crítico.

Segundo Delors, *aprender a conhecer* é um meio e uma finalidade da vida humana – "meio" no sentido de o indivíduo aprender um repertório de saberes capaz de dar sentido a sua vida pessoal e profissional e finalidade, pois *aprender a conhecer* é um ato de descoberta. Entretanto, diz Delors: "É preciso começar por conhecer a si próprio, numa espécie de viagem interior guiada pelo conhecimento, pela meditação e pelo exercício da autocrítica" (*apud* MÁRCIO, 2011, p. 21).

Aprender a fazer

É uma aprendizagem indissociada do *aprender a conhecer* e remete-se ao aprofundamento dos fazeres, não mais como uma ação que significa a preparação de um indivíduo para uma tarefa material bem determinada, na elaboração de um produto específico.

O caráter cognitivo das tarefas produz um fazer com maiores significados, que promova o indivíduo na sua capacidade de pensar sobre a sua ação e modificá-la conforme as necessidades do seu tempo e do seu espaço.

Como consequência, as aprendizagens devem evoluir e não podem mais ser consideradas simples transmissão de práticas mais ou menos rotineiras, embora estas continuem a ter um valor formativo que não pode ser desprezado.[5]

Aprender a fazer, principalmente numa sociedade brasileira, está ligado à formação profissional, em conduzir o educando às práticas dos conhecimentos supostamente construídos. Por conseguinte, é fazer uma educação cada vez mais próxima do trabalho no presente e de forma desafiadora no futuro, pois com as transformações cada vez mais rápidas são necessárias ações que possam garantir que a educação não caminhe para trás da evolução do trabalho. Complementa Celso Antunes (2013, p. 16-17):

> Saber fazer ou dominar competências não se separa de *aprender a conhecer*, mas confere ao aluno uma formação técnico-profissional em que aplicará na prática seus conhecimentos teóricos. É essencial que cada indivíduo saiba se comunicar através de diferentes linguagens, assim como interpretar e selecionar, na torrente de informações que recebe, quais são essenciais e quais podem ajudar a refazer opiniões a serem aplicadas na maneira de se viver e de redescobrir o tempo e o mundo.

O fazer ao qual se refere o autor, indubitavelmente, é o trabalho, porém como ação transformadora que muda o mundo e a pessoa. Um educando que possui instrumentos cognitivos e está capacitado para exercer determinada função dentro da sociedade nem sempre produzirá bens e serviços, como também não se produzirá como sujeito de sua criação. "O aluno, em contato com o conhecimento, vai interessar-se mais por aquilo que tiver um elo com sua vida" (MÁRCIO, 2011, p. 16).

O elo entre aprender e fazer, entre educação e trabalho é ainda um desafio às sociedades, pois a visão cartesiana está presente na formação do professor e, como consequência, nas práticas

---
5 DELORS, 2012, p. 76.

educativas em salas de aulas. As escolas não conseguem, dentro do cenário apresentado, mudar de disciplinar para interdisciplinar. "O conhecimento precisa fazer parte da vida e integrar-se aos seus hábitos cotidianos" (MÁRCIO, 2011, p. 17). O vínculo entre aquilo que é ensinado e a vida do educando está não só presente na relação pragmática de saber e fazer, mas dentro do contexto das relações humanas, pois será o educando o autor do seu fazer, munido de habilidades, competências e atitudes. Complementa o autor João Márcio:

> Está lembrando que a vida fora da sala de aula não vai ser transformada por um conhecimento que se aplique apenas em provas mensais ou exercícios semanais. O cotidiano exige mãos à obra, artesãos do saber capazes de enfrentar as intempéries e trabalhar mesmo em instantes adversos. Quando os livros não são suficientes, a cultura, puramente catedrática, é ineficaz, exigindo um meio concreto de tornar real o projeto elaborado. O aluno, mais do que observar as figuras no livro, precisa sujar-se com os instrumentos. Habituar-se a conviver com eles, ganhar intimidade com a realização de suas ideias.[6]

Por conseguinte, a vida não pode ser apartada da escola. "A aula pode ser uma extensão da vida, local onde o burburinho do mundo é organizado didaticamente" (MÁRCIO, 2011, p. 19).

Aprender a conviver

A convivência com o outro passa a ser um grande desafio das sociedades, independentemente se são desenvolvidas ou em desenvolvimento. O isolamento, o individualismo e a competição são resultados dos diversos sistemas que influenciam as vidas das pessoas, como o capitalismo liberal e neoliberal. Vive-se um momento em que não há fronteiras entre as nações, pois os meios de comunicação e de informação desenharam um novo cenário. Mas ao mesmo tempo vive-se entrincheirado pelos efeitos colaterais de um mundo moderno e pós-moderno, como a violência, a intolerância, o individualismo, a insolidariedade e a corrupção.

---
6 MÁRCIO, 2011, p. 17.

Assim nos apresenta Celso Antunes (2013, p. 17):

> Esse domínio da aprendizagem atua no campo das atitudes e dos valores e envolve uma consciência e ações contra o preconceito e as rivalidades diárias que se apresentam no desafio de viver. Aposta na educação como veículo da tolerância e da compreensão do outro, ferramentas essenciais para a construção da paz.

A escola é o lugar privilegiado de se *aprender a conviver*, pois é o momento em que o processo de socialização torna-se mais sistemático. A educação tem a missão ao mesmo tempo de demonstrar a diversidade da espécie humana e das culturas criadas por ela, e construir atitudes, valores e consciência das semelhanças que há entre todos os seres humanos. Assim complementa Delors (2012, p. 78-79):

> Sem dúvida, essa aprendizagem representa, na atualidade, um dos maiores desafios da educação. O mundo atual é, muitas vezes, um mundo de violência, que se opõe à esperança que alguns têm no progresso da humanidade. A história humana sempre foi conflituosa, mas há elementos novos que acentuam o perigo e, especialmente, o extraordinário potencial de autodestruição criado pela humanidade no decorrer do século XX. A opinião pública, por intermédio dos meios de comunicação social, torna-se observadora impotente e até mesmo refém dos que criam ou mantêm os conflitos. Até agora, a educação não pôde fazer grande coisa para modificar essa situação real. Poderemos conceber uma educação capaz de evitar os conflitos ou de resolvê-los de maneira pacífica, desenvolvendo o conhecimento dos outros, das suas culturas, da sua espiritualidade?

Ao mesmo tempo em que a escola é o lugar privilegiado para se *aprender a conviver* é, também, cenário de pseudovalores que uma sociedade competitiva, preconceituosa e desigual produz. A escola foi, em vários momentos históricos, um aparelho dos sistemas geradores desses conflitos.

O relatório da Comissão (DELORS, 2012, p. 79) chegou à seguinte conclusão:

> O que fazer para melhorar essa situação? A experiência prova que, para reduzir o risco, não basta colocar em contato e em comunicação membros de grupos diferentes (por meio de escolas comuns a várias etnias ou religiões, por exemplo). Se, no seu espaço comum, esses diferentes grupos já entram em competição

ou se o seu estatuto é desigual, um contato desse gênero pode, ao contrário, agravar ainda mais as tensões latentes e degenerar em conflitos. No entanto, se esse contato se fizer em um contexto igualitário, e se existirem objetivos e projetos comuns, os preconceitos e a hostilidade latente podem desaparecer e ceder lugar a uma cooperação mais serena e até à amizade.

Segundo Jacques Delors, a educação, dentro da proposta do trabalho da Comissão, utiliza dois caminhos que se complementam:

> Em um primeiro nível, a descoberta progressiva do outro. Em um segundo nível, ao longo de toda a vida, a participação em projetos comuns, que parece ser um método eficaz para evitar ou resolver conflitos latentes.[7]

O educando é genuinamente um ser humano que tem necessidade de relacionamentos e de se agregar à sociedade à qual pertence, construindo a si como pessoa, sua personalidade, internalizando os valores do seu meio, da sua comunidade e sociedade. Segundo Márcio (2011, p. 33), "ele tem necessidade de relacionamentos, seja para definir sua identidade, seja para desenvolver-se como sujeito social".

O pilar da convivência como sustentação de um processo educativo se define quando o educando adquire conhecimento sobre o outro, pois os preconceitos são frutos da falta de conhecimento, e como resultado tem-se a exclusão social, ausência de alteridade, intolerância; atualmente, essa crise dentro do ambiente escolar é denominada *bullying*.

O grande desafio na construção desse pilar da convivência está no fato de que nos dias atuais a pessoa vive numa espécie de confinamento físico e social. A casa passa a ser mais segura do que a praça, os condomínios passam a ser mais habitados do que as casas em ruas livres, os *shoppings* são mais seguros e acessíveis do que o centro das cidades. Os relacionamentos pelas redes sociais são mais comuns do que os encontros entre pessoas. Obviamente, aqui não se faz nenhuma crítica ao novo momento e aos novos aparelhos de interatividade de uma sociedade contemporânea, voltando-se ao saudosismo de momentos históricos distantes. Somente se aponta um cenário que alterou o ato de conviver. Afirma-se que:

---

7 *Idem, loc cit.*

O aluno precisa ter contato com os outros. Mas qual a dimensão desse contato? Quais os limites de um verdadeiro encontro? Será que clichês não asfixiam os impulsos espontâneos de solidariedade e amicalidade? Como ser amigo de quem carrega um rótulo depreciativo? Dificilmente uma criança se sentirá à vontade diante de uma outra com síndrome de Down se, diariamente, ela for bombardeada por uma mensagem desumana de que tais crianças são incapacitadas e perigosas. É preciso refletir sobre que crenças nossas crianças estão acalentando. Que sementes nocivas estão plantadas no solo da alma do educando quando nossas práticas refletem a dificuldade de conviver como seres humanos autênticos. [8]

A pessoa faz parte da humanidade e necessita do outro para a sua plenitude, portanto o confinamento é a pior experiência de sua vida. O mundo não pode ser um lugar estranho, mas sim um lugar de encontro. "A grande aventura da vida consiste nesse intercâmbio humano" (MÁRCIO, 2011, p. 35).

Aprender a ser

O questionamento e a tomada de consciência de ser é um trabalho a longo prazo e pela vida toda. A escola é um espaço físico e social que, pela sua natureza, deverá contribuir muito na busca do aluno pelo seu verdadeiro *Self*. "A verdade sobre si mesmo é um terra sem mapas. Cada um precisa seguir sua bússola e desvelar seus talentos e potencialidades" (MÁRCIO, 2011, p. 40).

A experiência do *aprender a ser* é uma contribuição singular no processo de desenvolvimento total da pessoa, nas suas diversas dimensões: cognitiva, corporal, sensorial, estética, ética, moral e espiritual. Essa experiência produz um ser humano autônomo, que tem uma ação baseada em pensamentos críticos e reflexivos e agirá com coerência na vida, em diversas circunstâncias.

Aprender a ser é ter autoria da sua própria vida, ser dono do seu próprio destino e conhecer com profundidade o mundo em que vive para poder atuar nele com axiomas ligados sempre à promoção e ao desenvolvimento da pessoa.

A alienação é o mecanismo social mais comum para inibir a pessoa de se conhecer e, portanto, de compreender o outro e o mundo. Assim define o relatório da comissão de Delors:

---

8 MÁRCIO, 2011, p. 34.

O relatório *Aprender a ser* (1971) expressa, em seu preâmbulo, o temor da desumanização do mundo relacionado com a evolução técnica. A evolução das sociedades desde então, e sobretudo o enorme desenvolvimento do poder midiático, veio acentuar esse temor e tornar ainda mais legítima a injunção que lhe serve de fundamento. É possível que, no século XXI, esses fenômenos adquiram ainda mais amplitude. Mais do que preparar crianças para uma determinada sociedade, o problema será, então, fornecer-lhes constantemente forças e referências intelectuais que lhes permitam compreender o mundo que os rodeia e comportar-se nele como atores responsáveis e justos.[9]

A realidade atual em que vivem as sociedades dá muita importância à imaginação e à criatividade, pois são potencialidades humanas essenciais para o desenvolvimento das pessoas e daquilo que elas produzem. A inovação é o motor da humanidade hoje, e segundo o trabalho da comissão de Delors, a principal ameaça ao desenvolvimento dessas potencialidades é a "estandardização dos comportamentos individuais" (DELORS, 2001, p. 81).

A estandardização é o processo de padronização que consiste em encontrar um padrão de comportamento por meio do estabelecimento de processos, técnicas, critérios e práticas. Na história da educação brasileira a estandardização foi estabelecida para atender a interesses políticos, sociais de um grupo dominante sobre outro, ou seja, de forma autoritária e desprovida de reflexão. Atualmente, as escolas usam diversos sistemas educacionais, muitos deles representam somente produções de mercado e não produções literárias; esses sistemas têm estandardizado a fisionomia e o papel da escola dentro da sociedade.

O resultado de um processo de estandardização ou padronização é o aumento da produção. No caso da escola, de uma produção quantitativa que se situa em conteúdos contextualizados ou não. Porém, o educando, ao produzir de forma padronizada, deixa de exercer a sua autonomia e consequentemente deixa de ser criativo, imaginativo, proativo e feliz. Por conseguinte, distancia-se cada vez mais da possibilidade da aprendizagem do seu verdadeiro eu, pois o caminho para o autoconhecimento é a liberdade. Assim comenta Delors (2001, p. 82):

---

9 DELORS, 2012, p. 81.

Esse desenvolvimento do ser humano, que se realiza desde o nascimento até a morte, é um processo dialético que começa pelo conhecimento de si mesmo para se abrir, em seguida, à relação com o outro. Nesse sentido, a educação é, antes de tudo, uma viagem interior, cujas etapas correspondem às da maturação contínua da personalidade. Na hipótese de uma experiência profissional de sucesso, a educação como meio para tal realização é, ao mesmo tempo, um processo individualizado e uma construção social interativa.

A tentativa de refletir sobre os quatro pilares educacionais propostos pelo relatório da comissão da Unesco – orientada por Jacques Delors e que depois se tornaria a reflexão principal do livro *Educação: um tesouro a descobrir* – foi para que cada pessoa, ao longo de sua vida, pudesse se beneficiar de um ambiente educativo mais libertador e prazeroso. Como também inspirar e orientar os profissionais da educação em suas caminhadas e, de forma nem um pouco modesta, na definição de novas políticas públicas.

A didática dos quatro pilares da educação

Até o momento foram apresentadas pistas para melhor compreensão dos quatro pilares da educação, e como consequência se espera um repensar da escola e das práticas educativas. Então, como construir práticas que representem os pilares apresentados por Jacques Delors? Primeiramente, faz-se necessária a demonstração do conceito que se utiliza de didática, pois esse conceito definirá, como uma linha transversal, todas as demais reflexões e conceituações.

O conceito de didática que foi adotado para clarear a discussão é de Libâneo, que vê a didática como síntese, porque agrupa de forma orgânica os conteúdos da pedagogia e contribui para a integração de todo conhecimento que nutre o universo educacional. Por conseguinte, comenta Libâneo (2013, p. 25):

> A didática é o *principal ramo de estudos* da pedagogia. Ela investiga os fundamentos, condições e modos de realização da instrução e do ensino. A ela cabe converter objetivos sociopolíticos e pedagógicos em objetivos de ensino, selecionar conteúdos e métodos em função desses objetivos, estabelecer vínculos entre

ensino e aprendizagem, tendo um vista o desenvolvimento das capacidades mentais dos alunos. A didática está intimamente ligada à teoria da educação e à teoria da organização escolar e, de modo muito especial, vincula-se à teoria do conhecimento e à psicologia da educação.

A didática, portanto, será mediadora entre as bases teórico-científicas da teoria dos quatro pilares da educação e a prática que advém dela.

O primeiro pilar, *aprender a conhecer*, já é um grande desafio às práticas educativas, pois por séculos se fez educação por meio de leitura de livros, ambientes como salas de aulas e o professor como veículo de transmissão. Segundo Celso Antunes (2013, p. 19), o primeiro obstáculo a vencer é "convencer-se de que a aula expositiva clássica é apenas uma das muitas maneiras de se ensinar".

Essa forma medieval de se produzir conhecimento foi um processo de comunicação muito importante em épocas nas quais não havia nem livros; porém, não se pode admitir que seja o meio mais utilizado pelos educadores e escolas num mundo em que os estímulos ao *aprender a conhecer* são os mais diversos e imagináveis. No relatório de Jacques Delors, segundo João Márcio (2011, p. 55), "crianças que aprendem sobre ecologia cuidando da praça pública, que aprendem sobre reciclagem zelando pelo lixo da rua" são as que realmente têm uma aprendizagem com significados e ainda, "a partir daí, faz-se necessário alternar estudo e trabalho, sala de aula e bairros, caderno e caminhada".

Aqui, percebe-se uma aproximação muito grande entre o *aprender a conhecer* e o *aprender a fazer*, principalmente pelo fato de que o mundo é o grande canteiro de aprendizagem, o maior laboratório onde educandos e educadores descobrem as ciências, as relações pessoais e coletivas e os valores que embasam suas vidas.

A forma mais adequada de se conduzir o *aprender a conhecer* é com aulas criativas, instigadoras e inteligentes; portanto o papel do professor não é de expor o conteúdo, mas de desafiar os educandos a olhar o mundo à luz do texto, da história, da equação, da teoria científica ou dos dados geográficos. Educadores e educandos passam a ser protagonistas do conhecimento a se construir. Comenta Celso Antunes (2013, p. 22-23):

> Por que o mar é salgado? Por que o pico de uma montanha mesmo mais próximo ao sol apresenta temperaturas mais baixas que a base? Se as plantas se alimentam da terra, por que em um vaso a quantidade de terra nunca diminui? Como podemos descrever corretamente a fotossíntese em apenas doze palavras? Como fazer um anúncio comercial de uma nova pasta de dentes com apenas dez palavras e sem o uso das palavras "pasta", "dental", "brilho"? Como Mauá conseguiu implantar uma ferrovia se no País não existiam conhecimentos técnicos para isso?

As situações-problema são as vias para chegar mais próximo de uma experiência significativa de aprendizagem e de construção de conhecimento. E a maneira de conduzir a aula ou a discussão é, portanto, propor uma "atividade protagonística" (ANTUNES, 2013, p. 23).

Outra via para *aprender a conhecer* é o vínculo criado entre educador e educando. "Se o educador não mantiver a alegria de aprender, não terá o prazer de ensinar" (MÁRCIO, 2011, p. 63). E o mesmo autor comenta com intensidade:

> O professor que não conhece seu aluno, não sabe dar aulas. Sem desvelar o sujeito do aprendizado, ele aborta o processo de amadurecimento. Ele próprio fracassa em sua tarefa, enquanto sabota o crescimento do outro. Saber o nome do aluno é apenas tocar em sua superfície. Muito informe e abstrata. É preciso tocar sua história. Entrar em contato com a sua essência.[10]

Essa pode ser a tarefa mais difícil da escola e do educador, pois implica sair de suas zonas de conforto e aproximar-se do educando de forma autêntica e desprovida de preconceitos, rótulos e receitas médicas.

O segundo pilar, *aprender a fazer*, atualmente parece para alguns professores um conceito até redundante, pois como conhecer sem fazer? Porém, o que se tem observado é um pragmatismo inútil e sem significado. Todo fazer em sala de aula deveria vir acompanhado de uma necessidade, de uma angústia, de uma

---
10 MÁRCIO, 2011, p. 63.

ansiedade, de uma vontade de resolver um problema e não somente do cumprimento de uma atividade prática.

Uma aula prática sem finalidades e sem resultados concretos e significativos não difere de uma aula teórica e tradicional. Muda-se somente de ambiente físico, do uso de aparelhos ou instrumentos, mas a concepção permanece a mesma. Logo, o autor comenta:

> O pilar *aprender a fazer* coloca para o educador um princípio que explora o contato vivo com o chão do mundo, trazendo a criança, o adolescente, o velho para lições empoeiradas pela realidade que tem significados para eles. Sujar as mãos é sentir na própria pele o aprendizado e os meios de apreensão do mundo. Os signos são tangíveis, não mais quintessências linguísticas, símbolos etéreos, abstrações livrescas, mas lições portadoras de cheiro, cor, textura, sonoridade e sabor. O mundo é trazido para dentro da sala de aula quando se descobre que o fazer é manipular aquilo que se conhece, e ninguém conhece o que não toca.[11]

O significado de *aprender a fazer* não é simplesmente preparar o educando para uma tarefa material e sim muni-lo de habilidades e competências que favoreçam a sua interferência no mundo de forma valorativa a ele e à sociedade, isto é, fazer algo que tenha significado, ainda que momentâneo.

O ambiente escolar é um ambiente de trabalho, logo o trabalho implica filosoficamente uma ação que transforma a realidade e o seu criador. Apesar de que, ainda hoje, vê-se a presença do taylorismo e do fordismo na experiência laboral.

O educando, por meio do fazer, almeja crescer em conhecimento, pois o resultado do fazer é uma síntese rápida que novamente se transforma numa nova tese e a dialética continua. "Não basta dominar o conteúdo, é preciso conhecer os caminhos de sua praticidade" (MÁRCIO, 2011, p. 60).

O *aprender a fazer* se aproxima muito do conceito de competência, que precisa do uso de diferentes habilidades para se concretizar como um ato de resolução de um problema, alcançar um objetivo, superar um desafio ou vencer um obstáculo.

---

11 MÁRCIO, 2011, p. 55.

Para que realmente o *aprender a fazer* seja uma prática pedagógica, é necessário relacionar quais competências são desenvolvidas e propor as estratégias ou vias para que a experiência educativa se concretize.

O terceiro pilar, *aprender a conviver*, num primeiro momento, tem um enorme desafio, que é transcender a concorrência que caracteriza a atividade econômica no interior de cada sociedade e de cada pessoa, e a ideia de que a competição é o único caminho para o sucesso.

A ideia de emulação, que tem o significado de se igualar a ou superar alguém, tem sido tratada pela escola de forma às vezes equivocada, pois o passo mais adequado para esse estímulo é a busca de superar a si mesmo e depois os desafios de sua realidade, de forma concreta: por exemplo, na prática de um esporte a emulação certamente será a superação da outra pessoa que joga. Porém, o foco não é vencer o jogador, derrotá-lo, mas se superar e ganhar o jogo.

A comissão de Delors aponta que *aprender a conviver* é descobrir o outro, e antes, descobrir a si mesmo. É construir a competência de se colocar no lugar do outro e compreender as suas emoções e reações. Por conseguinte, a escola deve desenvolver a atitude de empatia, de amizade, como diz Celso Antunes, pois essas atitudes definirão comportamentos ao longo da vida. A Comissão também aponta para a tendência para objetivos comuns, pois mesmo grupos conflituosos e muito diferentes, quando são trabalhados projetos motivadores, tendem ao encontro de objetivos comuns, ultrapassam a individualidade, o agrupamento e até mesmo os preconceitos e intolerâncias.

As estratégias gerais que podem ser usadas para *aprender a conviver* é iniciar os educandos em projetos de cooperação e estimulá-los à participação em atividades sociais. Os conceitos descritos são reveladores:

> A dificuldade de trabalhar com o espírito de equipe vem de situações anteriores à sala de aula. Tanto quanto a dificuldade de viver junto na sua casa, cidade, região e mundo. É uma postura newtoniana em que as pessoas esbarram como bolas de bilhar, mas não se envolvem, não se permitem conhecer,

tampouco buscar conhecer o outro realmente. O homem, como se diz no relatório, tem medo do homem. Esse medo justifica agressões, violências e atitudes que agravam os abismos sociais que vivemos. Vencer esse muro invisível que separa pessoas, povos e nações é tarefa do pilar aprender a viver juntos. Tarefa nada fácil porque vai de encontro a uma tendência milenar de luta e guerra. Mas possível a partir do momento em que todo profissional se engaje, compreendendo o que precisa ser feito e quais caminhos devem ser abertos para que a solidariedade no mundo passe a existir.[12]

Na obra *A prática dos quatro pilares da educação*, com muita propriedade, Celso Antunes aponta alguns exemplos de estratégias para ensinar a conviver, que ele chama de amizade, como: dramatizações, jogos operatórios ou atividades de sensibilização, resolução de conflitos, análise de valores, estudo de casos, incorporação de papéis, hierarquia de valores, autorregulação e discussão sobre dilemas morais. Essas estratégias podem ser adotadas por qualquer componente curricular, seja ele língua portuguesa, história, química, ciência, informática, música, robótica, educação física, arte ou teatro. Pois *aprender a conviver* se situa muito mais no universo dos valores do que no universo científico, e os valores estão presentes em tudo o que a pessoa toca, sente e vive.

O quarto pilar, *aprender a ser*, é o desenvolvimento da subjetividade, entendida aqui como o espaço íntimo do indivíduo, que num segundo momento se relaciona com o mundo social. A escola, então, não pode ser um espaço onde "cores alegres ocultam as escuras práticas didáticas que destroem sonhos e sequestram subjetividades" (MÁRCIO, 2011, p. 125). É o momento de o educando sentir-se sujeito, ator e autor de sua vida, do conhecimento construído e das relações humanas estabelecidas. O mesmo autor afirma:

> Quando a escola coloca em seus planejamentos escolares disciplinas que apenas serão úteis ao mercado de trabalho, preparando seus estudantes para se tornarem bons profissionais, está deturpando uma herança milenar que encontrava na educação uma maneira oficial de moldar o caráter e a personalidade dos educandos. Torná-los homens de bem, e não somente bons empregados. Essa ética neoliberal estrangula o processo de desenvolvimento total do ser porque privilegia apenas um lado cognitivo: aquele que vai atender as necessidades do

---

12 MÁRCIO, 2011, p. 74.

sistema vigente. Faz-se necessário colocar em pauta, nas escolas e universidades, as questões mais importantes da vida. Uma delas são os sonhos.[13]

Segundo a comissão de Delors, essa aprendizagem depende das outras três e, por isso, a proposta de educação se traduz como uma prática educacional de desenvolvimento total da pessoa. Afirma Antunes (2013, p. 71):

> A educação para um autêntico *aprender a ser* não pode ser restrita a uma ou outra disciplina em algum momento do planejamento docente, mas um pensamento constante de se formar alunos autônomos e capazes de estabelecer relações interpessoais, de se comunicarem plenamente e de intervirem de forma consciente e proativa na sociedade.[14]

A didática do *aprender a ser* não se reduz a estratégias e dinâmicas que valorizam o autoconhecimento, mas sim gera, dentro da escola, um ambiente onde o diálogo pessoal e coletivo se estabelece, onde a alteridade é valorizada, pois a pessoa se conhece também pelo outro, e pode-se até afirmar que a pessoa se realiza com o outro e não numa experiência individual. As conquistas só valem a pena quando se tem o outro para dividi-las.

Considerações finais

O momento histórico atual apresenta um cenário de grandes inovações científicas e tecnológicas, de transformações de governos e democracias, de mudanças na economia e na política dos países e de transformações demográficas e sociais. E a educação de cada sociedade deverá dar respostas ao novo cenário que muda rapidamente.

A comissão de Delors aponta como resposta uma postura educacional criativa, corajosa e dinâmica, capaz de gerar mudanças reais e de fazer o homem atuar de forma diferente, com vontade firme de fazer, cujo objetivo principal é a excelência.

A ideia de educação para todos foi a premissa perseguida por esse trabalho de Jacques Delors, orientando os governos em suas ações para a expansão das novas possibilidades da educação.

13   MÁRCIO, 2011, p. 125-126.
14   ANTUNES, 2013, p. 71.

No entanto, a realidade que se apresenta é um aumento quantitativo de escolas e de programas educacionais que, na maioria dos casos, não prioriza a qualidade. Tem-se salas de aulas superlotadas, métodos de ensino ultrapassados, professores malpreparados e desmotivados, e gestões escolares baseadas em visões tradicionais. Essa realidade ainda é um obstáculo para a construção de uma educação mundializada e alicerçada nos quatro pilares da educação: *aprender a conhecer, aprender a fazer, aprender a conviver* e *aprender a ser.*

REFERÊNCIAS

ABRAMOVICH, F. *Gostosuras e bobices*, 5. ed. São Paulo: Scipione, 1999.

ABUD, M. J. M. *O ensino da leitura e da escrita na fase inicial da escolarização*. São Paulo: Editora Pedagógica e Universitária, 1987.

AFFANÁSSIEV, V. G. *Fundamentos da filosofia*. Moscou: Edições Progresso, 1982.

AGUIAR, V. T. de. *O verbal e o não verbal*. São Paulo: Unesp, 2004.

ALLEVATO, N. S. G. *Associando o computador à resolução de problemas fechados: análise de uma experiência*. Tese (Doutorado em Educação Matemática) – Instituto de Geociências e Ciências Exatas, Universidade Estadual Paulista, Rio Claro, 2005, 270 f.

ANDRADE, C. F. S. Uma educação especial para o controle biológico dos vetores da dengue. *In*: SICONBIOL – SIMPÓSIO DE CONTROLE BIOLÓGICO VI, Rio de Janeiro, 1998, p. 156. *Anais*... Disponível em: <ib.unicamp.br/profs/eco_aplicada/arquivos/resumos_de_conferencias/siconbiol.pdf>. Acesso em: 3 julho de 2011.

_____.; BASSOLATTI, R. C. Controle da dengue: um desafio à educação da sociedade. *Ciência e Ensino*, n. 4, 1998, p. 18-21. Disponível em: <fisica.ufc.br/conviteafisica/cien_ens_arquivos/numero4/p18.pdf>. Acesso em: 1 jul. 2011.

ANTOLÍ, V. B. A didática como espaço e área do conhecimento: fundamentação teórica e pesquisa didática. *In*: FAZENDA, I. (Org.) *Didática e interdisciplinaridade*, 4. ed. Campinas: Papirus, 2000, p. 77-108.

Referências

ANTUNES, Celso. *A prática dos quatro pilares da educação na sala de aula*, 3. ed. Petrópolis: Vozes, 2013.

AZEVEDO, J. B.; TUYUKA, R.; CABALZAR, F. D. (Org.) *Histórias Tuyuka de rir e de assustar: histórias contadas por pais e crianças da AEITU*. São Paulo: Instituto Socioambiental; São Gabriel da Cachoeira, AM: FOIRN – Federação das Organizações Indígenas do Rio Negro: Associação Escola Indígena Utapinopona Tuyuka, 2004.

BAGNO, M. *Preconceito linguístico: o que é, como se faz*, 51. ed. São Paulo: Edições Loyola, 2009.

BAKHTIN, M. *Toward a philosophy of the act*. Austin: University of Texas, 1993.

_____. *A cultura popular na Idade Média e no Renascimento: o contexto de François Rabelais*. São Paulo: Hucitec, 2010a.

_____. *Estética da criação verbal*. São Paulo: Martins Fontes, 2003.

_____. *Marxismo e filosofia da linguagem*. São Paulo: Hucitec, 2010b.

BARBOSA, M. G.; SILVA, F. H. S. Resolução de problemas: conversando com professores em formação continuada. In: ENCONTRO DE EDUCAÇÃO MATEMATICA IX, *Anais*... Universidade de Belo Horizonte, Belo Horizonte, 2007, p. 64-76.

BARRETO, M. L.; TEIXEIRA, M. G. Dengue no Brasil: situação epidemiológica e contribuições para uma agenda de pesquisa. *Estudos Avançados*, v. 22, n. 64, 2008, p. 53-70. Disponível em: <http://www.scielo.br/scielo.php?pid=S0103-40142008000300005&script=sci_arttext>. Acesso em: 2 jul. 2011.

BOBBIO, Norberto; MATTEUCCI, Nicola; PASQUINO, Gianfranco. *Dicionário de política*. Brasília: Ed. UnB, 1998.

BOFF, Leonardo. *Sustentabilidade e educação*, 2012. Não paginado. Disponível em: <http://www.ihu.unisinos.br/>. Acesso em: 20 jul. 2013.

BOURDIEU, P. *Escritos de Educação*. Petrópolis: Vozes, 1999.

BRASIL. Secretaria de Educação Fundamental. *Parâmetros Curriculares Nacionais: introdução aos parâmetros curriculares nacionais*. Brasília: MEC/SEF, 1997.

_____. Secretaria de Educação Fundamental. *Parâmetros Curriculares Nacionais: 3º e 4º ciclos do Ensino Fundamental: Matemática*. Brasília, DF: MEC/SEF, 1998.

_____. Ministério da Saúde, Fundação Nacional de Saúde. *Plano Nacional de controle da dengue*. Ministério da Saúde: Brasília, 2002, Disponível em: <bvsms.saude.gov.br/bvs/publicacoes/pncd_2002.pdf>. Acesso em: 5 jul. 2011.

_____. Ministério da Saúde, Secretaria de Vigilância da Saúde. *Boletim Epidemiológico*, v. 46, n. 8. Ministério da Saúde: Brasília <portalsaude.saude.gov.br/index.php/situacao-epidemiologica-dados-dengue >. Acesso em: 9 abr. 2013.

_____. *Documento-referência da II CONAE/2014*. Brasília/DF: MEC, 2013.

_____. Ministério da Saúde, Secretaria de Vigilância da Saúde. *Boletim Epidemiológico*, v. 46, n. 8. Ministério da Saúde: Brasília, 2015. <portalsaude.saude.gov.br/index.php/situacao-epidemiologica-dados--dengue >. Acesso em: 9 abr. 2013.

BRASIL, L. A. S. *Estudo dirigido de matemática no ginásio*. São Paulo: Fundo de Cultura, 1964.

BRASSOLATTI, R. C.; ANDRADE, C. F. S. Avaliação de uma intervenção educativa na prevenção da dengue. *Ciência e saúde coletiva*, São Paulo, v. 7, n. 2, 2002. Disponível em: <scielo.br/scielo.php?script=sci_arttext&pid=S1413-81232002000200005&lng=en&nrm=iso>. Acesso em: 1 jul. 2011.

CAGLIARI, L. C. *Alfabetização e linguística*. São Paulo: Scipione, 1995.

CALLEJO, M. L.; VILA, A. *Matemáticas para aprender a pensar: el papel de las creencias en la resolución de problemas*. Madrid: Narcea, S. A. de Ediciones, 2004.

CANDAU, Vera Maria Ferrão. (Org.) *A didática em questão*. Petrópolis: Vozes, 1985.

CANDAU, Vera Maria Ferrão. *Direitos humanos, cidadania e prática pedagógica.* Disponível em: <www.dhnet.org.br/direitos/.../candau_edh_cidadania>. Acesso em: 27 jul. 2013.

_____. Entrevista. *Revista Nuevamerica/Novamerica.* Rio de Janeiro, n. 91, set. 2001a, p. 4.

_____. (Org.) *Reinventar a escola,* 2. ed. Petrópolis: Vozes, 2001b.

_____. *Rumo a uma nova didática.* Petrópolis: Vozes, 1988; 2005.

_____. Nas teias da globalização: cultura e educação. *In:* CANDAU, Vera Maria Ferrão. *Sociedade, educação e cultura(s): questões e propostas.* Petrópolis: Vozes, 2002, p. 13-29.

CARRAHER, D. W. O que esperamos do Software Educacional? *Revista de Educação e Informática,* ano II, n. 3, jan./jun. 1990, p. 32-37.

CARVALHO, A. M. P.; GIL-PÉREZ, D. *Formação de professores de ciências,* 4. ed. São Paulo: Cortez, 2000.

CEALE. Secretaria de Estado de Educação. *Orientações para a organização do Ciclo Inicial de Alfabetização.* Caderno 2. Belo Horizonte, MG, 2004.

CEVASCO, Maria Elisa. *Dez lições sobre estudos culturais,* 2. ed. São Paulo: Boitempo Editorial, 2008.

CHALUH, L. N. *Entrelaçando culturas: formação, linguagem, coletividade, empoderamento.* Rio Claro: Unesp, 2011a. (Projeto de pesquisa estágio pós-doutoral não publicado).

_____. Formação inicial de professores: grupo, diálogo e trabalho coletivo. *In:* XI CONGRESSO ESTADUAL PAULISTA SOBRE FORMAÇÃO DE EDUCADORES XI, CONGRESSO NACIONAL DE FORMAÇÃO DE PROFESSORES, POR UMA POLÍTICA NACIONAL DE FORMAÇÃO DE PROFESSORES I. *Anais...* Águas de Lindóia, 2011b.

_____. Futuros professores: um processo coletivo de formação. *In:* GRUPO de Estudos dos Gêneros do Discurso [GEGe] *Questões de cultura e contemporaneidade: o olhar oblíquo de Bakhtin.* São Carlos: Pedro & João Editores, 2011c, p. 161-174.

CLAUSEWITZ, Carl. *Da guerra*. São Paulo: Martins Fontes, 1996.

CLOT, Y. *A função psicológica do trabalho*. Petrópolis: Vozes, 2007.

COELHO, N. N. *O conto de fadas*. 3 ed. São Paulo: Ática, 1998.

COLL, C. *Aprendizagem escolar e construção do conhecimento*. Porto Alegre: Artes Médicas, 1994.

CONTRERAS, José. La resolución de problemas, una panacea metodológica? Enseñanza de las Ciencias, v. 5, n. 1, 1987, p. 49-52.

_____. *A autonomia de professores*. São Paulo: Cortez, 2002.

CUNHA, M. I. Aula universitária: inovação e pesquisa. *In*: LEITE, D. B. C.; MOROSINI, M. (Org.) *Universidade futurante*. Campinas: Papirus, 1997, p. 79-93.

D'AMBROSIO, B. S. Teaching mathematics through problem solving: a historical perspective. *In*: LESTER, F.; CHARLES, R. (Ed.) *Teaching mathematics through problem solving*. Reston, VA: National Council of Teachers of Mathematics, 2003, p. 37-50.

DANTE, L. R. *Criatividade e resolução de problemas na prática educativa matemática*. Tese (Livre Docência em Educação Matemática) – Instituto de Geociências e Ciências Exatas, Universidade Estadual Paulista, Rio Claro, 1988, 192 f.

_____. *Didática da resolução de problemas de matemática*. São Paulo: Ática, 1989.

DELORS, Jacques. *Educação: um tesouro a descobrir*. São Paulo: Cortez; Brasília, DF: Unesco, 2012.

DESCARTES, R. *Discurso do método*. São Paulo: Martins Fontes, 1999, p. 7.

DESROCHERS, M. N.; GENTRY, D. Effective use of computers in instruction. *In*: MORAN, D. J.; MALOTT, R. W. (Ed.) *Evidence-based educational methods: advances from the behavioral sciences*. San Diego: Elsevier Academic Press, 2004, p. 127-141.

EAGLETON, Terry. "Cultura em crise". *In*: _____. *A ideia de cultura*. São Paulo: Unesp, 2005, p. 51-77.

FAZENDA, I. "A aquisição de uma formação interdisciplinar de professores". In: _____. (Org.) *Didática e interdisciplinaridade*, 4. ed. Campinas: Papirus, 2000, p. 11-20.

FERREIRA, M. F. F.; CARRARA, K. Implicação do conceito de cidadania de professores sobre comportamentos pró-éticos de estudantes. *Psicologia Argumento*, Curitiba, v. 27, n. 58, set. 2009, p. 219-229. Disponível em: <pucpr.br/reol/index.php/PA?dd1=3249&dd99=view>. Acesso em: 1 jul. 2011.

FERREIRA, Oliveiros. *Forças Armadas para quê?* Rio de Janeiro: Convívio, 1988.

FINER, Samuel Edward. *The man on horseback: the role of the military in politics*. London: Pall Mall Press, 1962.

FOX, E. J. "The personalized system of instruction: a flexible and effective approach to mastery learning". *In*: MORAN, D. J.; MALOTT, R. W. (Ed.) *Evidence-based educational methods: advances from the behavioral sciences*. San Diego: Elsevier Academic Press, 2004, p. 201-221.

FRANCHI, E. P. *E as crianças eram difíceis: a redação na escola*. São Paulo: Martins Fontes, 1998.

FREDRICK, L. D.; HUMMEL, J. H. "Reviewing the outcomes and principles of effective instruction". *In*: MORAN, D. J.; MALOTT, R. W. (Ed.) *Evidence-based educational methods: advances from the behavioral sciences*. San Diego: Elsevier Academic Press, 2004. p. 9-212.

FREIRE, P. *Ação cultural para a liberdade*, 12. ed. São Paulo: Paz e Terra, 2007a.

_____. *A importância do ato de ler: em três artigos que se completam*. São Paulo: Contexto, 2006.

_____. *Conscientização: teoria e prática da libertação*. São Paulo: Cortez & Moraes, 1979.

_____. *Educação como prática da liberdade*, 30. ed. Rio de Janeiro: Paz e Terra, 2007b.

_____. *Extensão ou comunicação?* Petrópolis: Paz e Terra, 1977.

FREIRE, P. "O sonho impossível". *In*: BRANDÃO, C. R. (Org.) *Educador: vida e morte*. Rio de Janeiro: Graal, 1982.

_____. *Pedagogia da autonomia: saberes necessários à prática educativa*. 19. ed. São Paulo: Paz e Terra, 2001.

_____. *Pedagogia do oprimido*. Petrópolis: Paz e Terra, 1987.

_____. *Professora sim, tia não: cartas a quem ousa ensinar*. São Paulo: Edições Loyola, 1997.

_____. "Ensinar – aprender. Leitura do mundo – leitura da palavra". *In*: _____. *Professora sim, tia não: cartas a quem ousa ensinar*. São Paulo: Olho d'Água, 2009.

FREITAS, H. C. L. Formação de professores no Brasil: 10 anos de embate entre projetos de formação. *Educação e Sociedade*, Campinas, v. 23, n. 80, set. 2002, p. 15-26. Disponível em: <scielo.br/scielo.php?script=sci_arttext&pid=S0101-73302002008000009&lng=pt&nrm=iso>. Acesso em: 30 set. 2010.

FREITAS, L. C. (Org.) *Avaliação: construindo o campo e a crítica*. Florianópolis: Insular, 2002.

FONTENELE, Cristiane; LIMA, Emília Freitas de. Educação Intermulticultural: interpretando a diversidade como um recurso e não como um obstáculo. *Série-Estudos*, Campo Grande, v. 23, p. 107-114, 2007.

GARDINER, M. "O carnaval de Bakhtin: a utopia como crítica". *In*: RIBEIRO, A. P.; SACRAMENTO, I. (Org.) *Mikhail Bakhtin: Linguagem, cultura e mídia*. São Carlos: Pedro & João Editores, 2010, p. 211-255.

GERALDI, C. M. G. *A produção do ensino e a pesquisa na educação. Estudo sobre o trabalho docente no Curso de Pedagogia*. Tese (Doutorado em Educação) – Faculdade de Educação, Universidade Estadual de Campinas, Campinas, 1993, 478 f.

_____. Currículo em ação: buscando a compreensão do cotidiano da Escola Básica. *Pro-Posições*, v. 5, n. 3, nov. 1994, p. 15.

GERALDI, J. W. Alfabetizações cotidianas: as letras da cidade e a cidade das letras. *In*: GARCIA, R. L.; ZACCUR, E. (Org.) *Cotidiano e diferentes saberes*, Rio de Janeiro: DP&A, 2006, p. 59-71.

GONZÁLEZ, F. E. Metacognición y tareas intelectualmente exigentes: el caso de la resolución de problemas matemáticos. *Zetetiké*, Campinas, v. 6, n. 9, 1998, p. 59-87.

HUANCA, R. R. H. *A resolução de problemas no processo ensino-aprendizagem-avaliação de matemática na e além da sala de aula*. Dissertação (Mestrado em Educação Matemática) – Instituto de Geociências e Ciências Exatas, Universidade Estadual Paulista, Rio Claro, 2006, 247 f.

HUNTINGTON, Samuel Phillips. *A terceira onda: a democratização no final do século XX*. São Paulo: Ática, 1994.

_____. *O soldado e o Estado*: teoria e política das relações entre civis e militares. Rio de Janeiro: Biblioteca do Exército, 1996.

KELLER, F. S. "Adeus, Mestre!" *In*: KERBAUY, R.; KELLY, F. S. (Org.) *Fred Simmons Keller*. São Paulo: Ática, 1983, v. 41, p. 128-147 (Coleção Grandes Cientistas Sociais).

KILPATRICK, J.; SILVER, E. A. "Unfinished business: challenges for mathematics educators in the next decades". *In*: BURKE, M. J.; CURCIO, F. R. (Ed.) *NCTM 2000 Yearbook-Learning Mathematics for a New Century*. Reston, VA: NCTM, 2000, p. 223-235.

KRULIK, S.; REYS, R. E. (Org.) *A resolução de problemas na matemática escolar*. Tradutores: Hygino H. Domingues e Olga Corbo. Rio de Janeiro: Record, 1998.

KUBO, O. M.; BOTOMÉ, S. P. Ensino-aprendizagem: uma interação entre dois processos comportamentais. *Interação*, Curitiba, v. 5, jan./dez. 2001, p. 133-171.

LEFÈVRE, F.; LEFÈVRE, A. M. C; SCANDAR, S. A. S.; YASSUMARO, S. Representações sociais sobre relações entre vasos de plantas e o vetor da dengue. *Revista Saúde Pública*, São Paulo, v. 38, n. 3, jun. 2004. Disponível em: <.scielo.br/scielo.php?script=sci_arttext&pid=S0034-89102004000300011&lng=e n&nrm=iso>. Acesso em: 30 jun. 2011.

LIBÂNEO, José Carlos. *Democratização da escola pública: a pedagogia crítico-social dos conteúdos*, 5. ed. São Paulo: Edições Loyola, 1987.

LIBÂNEO, José Carlos. *Didática*, 2. ed. São Paulo: Cortez, 2013.

LIMA, Emília Freitas de. A formação inicial de professores e a didática na perspectiva inter/multicultural. *Educação*, Santa Maria, v. 34, 2009a, p. 165-178.

_____. Apontamentos sobre ensino e formação de professores intermulticulturais. *Série-Estudos*, Campo Grande, n. 27, p. 65-81, 2009b.

_____. *Caracterização do corpo docente do Colégio Teresiano do Rio de Janeiro, com vistas à proposta de uma estratégia de ação pedagógica*. Dissertação (Mestrado em Educação) – Pontifícia Universidade Católica, Rio de Janeiro, 1978, 192 f.

_____. *Começando a ensinar. Começando a aprender?* Tese (Doutorado em Educação) – Centro de Educação e Ciências Humanas, Universidade Federal de São Carlos, São Carlos, 1996, 178 f.

LIND, W; NIGHTINGALE, K.; SCHMITT, J. F.; SUTTON, J. W.; WILSON, G. I. The Changing Face of War: into the Fourth Generation. *Marine Corps Gazette*, Oct. 1989, p. 22-26.

LUCKESI, Cipriano Carlos. *Avaliação da aprendizagem escolar: estudos e proposições*. 6 ed. São Paulo: Cortez, 1997. 180 p.

LY, A. *Desenrolando a língua: origens e histórias da língua portuguesa falada no Brasil*. Belo Horizonte: Autêntica, 2011.

MÁRCIO, João. *Os quatro pilares da educação: sobre alunos, professores, escolas e textos*. São Paulo: Textonovo, 2011.

MARIN, A. J.; GIOVANNI, L. M.; GUARNIERI, M. R. (Org.) *Pesquisa com professores no início da escolarização*. Araraquara: Junqueira & Marin Editores, 2009.

MARINHO, A. C.; PINHEIRO, H. *O cordel no cotidiano escolar*. São Paulo: Cortez, 2012.

MCLAREN, Peter. *Multiculturalismo crítico*. São Paulo: Cortez, 1997.

MENDONÇA, M. C. D. *Problematização: um caminho a ser percorrido em Educação Matemática*. Tese (Doutorado em Educação) – Programa de Pós-Graduação em Educação, Faculdade de Educação, Unicamp, Campinas, 1993, 307 f.

MERBITZ, C.; VIEITEZ, D.; HANSEN, N.; MERBITZ, H.; PENNYPACKER, S. "Precision teaching: foundations and classroom applications". *In*: MORAN, D. J.; MALOTT, R. W. (Ed.) *Evidence-based educational methods: advances from the behavioral sciences*. San Diego: Elsevier Academic Press, 2004, p. 127-141.

MICHELETTO, N. "Variação e seleção: as novas possibilidades de compreensão de comportamento humano". *In*: BANACO, R. A. (Org.) *Sobre comportamento e cognição*. Santo André: ESETec, v. 13, 2001, p. 116-129.

MIZUKAMI, M. G. *Ensino: as abordagens do processo*. São Paulo: EPU, 1986.

MONTEIRO, M. I. *Alfabetização e letramento na fase inicial da escolarização*. São Carlos: UFSCar, 2010.

_____. *Práticas alfabetizadoras: contradições produzindo sucesso e fracasso escolar*. Araraquara: Junqueira & Marin Editores, 2002.

_____. Representações e dificuldades do trabalho pedagógico de professoras que frequentam os cursos de formação. *Nuances*, Presidente Prudente, v. 15, 2008, p. 187-205.

_____; SILVA, L. L. M. da. Contribuições para pensar as práticas de leitura e escrita de professoras das séries iniciais do ensino fundamental. *Educação Pública*. Cuiabá, v. 19, n. 41, set./dez. 2010, p. 423-442.

MORAN, D. J. "The need for evidence-based educational methods". *In*: _____; MALOTT, R. W. (Ed.) *Evidence-based educational methods: advances from the behavioral sciences*. San Diego: Elsevier Academic Press, 2004, p. 3-7.

_____; MALOTT, R. W. *Evidence-Based Educacional Methods*. San Diego: Elsevier Academic Press, 2004.

MOREIRA, Antonio Flavio Barbosa; CANDAU, Vera Maria. Educação escolar e cultura(s): construindo caminhos. *Revista Brasileira de Educação* [online], 2003, n. 23, p. 156-168.

MOREIRA, M. B. Em casa de ferreiro, espeto de pau: o ensino de Análise Experimental do Comportamento. *Revista Brasileira de Terapia Comportamental e Cognitiva*, v. 6, n. 1, 2004, p.

73-78. Disponível em: <pepsic.bvsalud.org/scielo.php?script=sci_arttext&pid=S1517-55452004000100008&lng=es&nrm=iso>. Acesso em: 30 jul. 2011.

MORENO, B. "O ensino do número e do sistema de numeração na educação infantil e na 1ª série". In: PANIZZA, M. *Ensinar matemática na educação infantil e nas séries iniciais*. Porto Alegre: Artmed, 2006, p. 43-76.

MORIN, E. *A cabeça bem-feita*. Rio de Janeiro: Bertrand Brasil, 2006.

NGAIRE, Woods. "The uses of theory in the study of international relations". In: _____. *Explaining international relations since 1945*. Oxford: Oxford University Press, 1996.

OLIVEIRA, Eliézer Rizzo; SOARES, Samuel Alves. "Forças Armadas, direção política e formato institucional". In: D'ARAUJO, Maria Celina; CASTRO, Celso. *Democracia e Forças Armadas no Cone Sul*. Rio de Janeiro: Fundação Getúlio Vargas, 2000.

ONUCHIC, L. R. "Ensino-aprendizagem de matemática através da resolução de problemas". In: BICUDO, M. A. V. (Org.) *Pesquisa em educação matemática: concepções & perspectivas*. São Paulo: Unesp, 1999, p. 199-218.

_____.; ALLEVATO, N. S. G. "Novas reflexões sobre o ensino--aprendizagem de matemática através da resolução de problemas". In: BICUDO, M. A. V.; BORBA, M. C. (Org.) *Educação matemática: pesquisa em movimento*. São Paulo: Cortez, 2004, p. 213-231.

PEREZ-GÓMEZ, A. *Para compreender e transformar o ensino*. Porto Alegre: Artmed, 2000.

PINHEIRO, N. A. M. *Educação crítico-reflexiva para um ensino médio científico-tecnológico: a contribuição do enfoque CTS para o ensino-aprendizagem do conhecimento matemático*. Tese (Doutorado em educação Científica e Tecnológica) – Faculdade de Educação, Universidade Federal de Santa Catarina, Florianópolis, 2005, 306 f.

PINTO, J. *Resolução de problemas: conceptualização, concepções, práticas e avaliação*. Trabalho realizado no âmbito da disciplina de Educação Matemática do Mestrado em Ensino da Matemática. Departamento de Matemática Pura da Faculdade de Ciências da Universidade do Porto, 2003.

POLYA, G. *Mathematical discovery: on understanding, learning, and teaching problem solving*. New York: John Wiley and Sons, 1981.

_____. *A arte de resolver problemas*. Rio de Janeiro: Interciências, 1986.

POZO, J. I. (Org.) *A solução de problemas: aprender a resolver, resolver para aprender.* Porto Alegre: Artmed, 1998.

PRZEWORSKY, Adam. "Como e onde se bloqueiam as transições para a democracia?" In: MOISÉS, José Álvaro; ALBUQUERQUE, José Augusto Guilhon de. *Dilemas da consolidação da democracia*. Rio de Janeiro: Paz e Terra, 1989.

RAMOS, F. B.; FEBA, B. L. T. "Leitura de história em quadrinhos na sala de aula". In: SOUZA, R. J. de; FEBA, B. L. T. (Org.) *Leitura literária na escola: reflexões e propostas na perspectiva do letramento*. Campinas: Mercado das Letras, 2011, p. 213-247.

RANCIÈRE, J. *O mestre ignorante: cinco lições sobre a emancipação intelectual*. Belo Horizonte: Autêntica, 2002

RANGEL-S, M. L. Dengue: educação, comunicação e mobilização na perspectiva do controle – propostas inovadoras. *Interface*, Botucatu, v. 12, n. 25, abr./jun. 2008. Disponível em: <scielo.br/scielo.php?script=sci_arttext&pid=S1414-32832008000200018&lng=en&nrm=iso> Acesso em: 1 jul. 2011.

REVERBEL, O. *Um caminho do teatro na escola*, 2. ed. São Paulo: Scipione, 1997.

ROGERS, C. *Grupos de encontro*. Lisboa: Moraes Editores, 1986.

ROMANATTO, M. C. *O livro didático: alcances e limites*, 2008. Disponível em: <sbempaulista.org.br/epem/anais/mesas_redondas/mr19Mauro.doc>. Acesso em: 27 jun. 2010.

ROUQUIÉ, Alain. *O extremo-ocidente: introdução à América Latina*. São Paulo: Edusp, 1991.

SALES, F. M. S. Ações de educação em saúde para a prevenção e controle da dengue, um estudo em Icaraí, Caucaia, Ceará. *Ciência e saúde coletiva*, Rio de Janeiro, v. 13, n. 1, fev. 2008. Disponível em: <scielo.br/scielo.php?script=sci_arttext&pid=S1413-81232008000100022&lng=en&nrm=iso>. Acesso em: 27 jun. 2011.

SANTOS, Boaventura Sousa. Uma concepção multicultural de direitos humanos. *Lua Nova Revista de Cultura e Política. Governo e Direitos* – Cedec, n. 39, Brasil, 1997.

SANTOS, José Rodrigues. Modelos de análise da profissão militar. *Episteme, Revista Multidisciplinar da Universidade Técnica de Lisboa*, v. 4, 2ª série, 2006, p. 209-252.

SANTOS, L.; PONTE, J. P. A prática lectiva como actividade de resolução de problemas: um estudo com três professoras do ensino secundário. *Quadrante*, v. 11, n. 2, 2001, p. 29-54.

SANTOS, Milton. *Por uma outra globalização: do pensamento único à consciência universal*, 19. ed. Rio de Janeiro: Record, 2010.

SÃO PAULO (Estado). Secretaria da Educação. Coordenadoria de Estudos e Normas Pedagógicas. *Proposta Curricular do Estado de São Paulo: Matemática (Ensino Fundamental – Ciclo II e Ensino Médio): 1º grau*. São Paulo: SEE/CENP, 2008.

SAVIANI, N. *Saber escolar, currículo e didática: problemas da unidade conteúdo/método no processo pedagógico*. Campinas: Autores Associados, 2000.

SCHOENFELD, A. H. *Mathematical problem solving*. New York, NY: Academic Press, 1985.

SCHROEDER, T. L.; LESTER Jr., F. K. "Developing Understanding in Mathematics via Problem Solving". *In*: TRAFTON, P. R.; SHULTE, A. P. (Ed.) *New directions for elementary school mathematics*. New York: National Council of Teachers of Mathematics, 1989.

SKINNER, B. F. *Ciência e comportamento humano*. São Paulo: Martins Fontes, 1998.

SLOCUM, T. "Direct instruction: the big ideas". *In*: MORAN, D. J.; MALOTT, R. W. (Ed.) *Evidence-based Educational methods: advances from the behavioral sciences*. San Diego: Elsevier Academic Press, 2004, p. 81-94.

SOARES, M. *Letramento: um tema em três gêneros*, 2. ed. Belo Horizonte: Autêntica, 2004.

SOARES, M. T. C.; PINTO, N. B. Metodologia da resolução de problemas. *In*: REUNIÃO ANUAL DA ANPED 24, *Anais*... Caxambu, 2001. (GT 8: Formação de Professores). Disponível em: <anped.org.br>. Acesso em: 20 ago. 2010.

SOUZA, S. F. de; CORRÊA, H. T.; VINHAL, T. P. "A leitura e a escrita na escola: uma experiência com o gênero fábula". *In*: SOUZA, R. J. de; FEBA, B. L. T. (Org.) *Leitura literária na escola: reflexões e propostas na perspectiva do letramento*. Campinas: Mercado das Letras, 2011, p. 147-182.

STEPAN, Alfred. *Os militares na política: as mudanças de padrões na vida brasileira*. Rio de Janeiro: Artenova, 1975.

TEIXEIRA, Guilherme João de Freitas. *Relatório para a Unesco da comissão internacional sobre educação para o século XXI*. Brasília, DF: Unesco, 2010.

UNESCO. Disponível em: <unesco.org/new/pt/brasilia/about--this-office/prizes-and-celebrations/2005-2014-the-united-nations-decade-of-education-for-sustainable-development>. Acesso em: 20 jul. 2013.

UNITED NATIONS. *General Assembly*. Report of the World Commision on Environment and Development, 1987. Disponível em: <ambiente.wordpress.com/2011/03/22/relatrio-brundtland-a--verso-original/>. Acesso em: 27 jul. 2013.

VAN DE WALLE, J. A. "Teaching Through Problem Solving". *In*: VAN DE WALLE, J. A. *Elementary and middle school mathematics*. New York: Longman, 2001, p. 40-61.

VEIGA, I. P. A. (Org.) *Caminhos da profissionalização do magistério*. Campinas: Papirus, 2000a.

_____. (Org.) *Técnicas de ensino: por que não?* 11. ed. Campinas: Papirus, 2000b.

VYGOTSKY, L. S. *Obras escogidas*. Madrid: Visor, 1993. Tomo II.

_____. *A construção do pensamento e da linguagem*. São Paulo: Martins Fontes, 2001.

VYGOTSKY, L. S. *La imaginación y el arte en la infancia*. Madrid: Ediciones Akal, 2009.

WALTZ, Kenneth Neal. *Theory of International Politics*. Reading, MA: Addison-Wesley, 1979.

WEBER, Max. *Economia e sociedade: fundamentos da sociologia compreensiva*. Brasília: Unb, 2004.

WEFFORT, Francisco. *Os clássicos da política*. São Paulo: Ática, 1993.

WILLIAMS, Raymond. *Marxismo e literatura*. Rio de Janeiro: Zahar Editores, 1979.

_____. *Cultura*. Rio de Janeiro: Paz e Terra, 1992.

ZABALA, A. "A função social do ensino e a concepção sobre os processos de aprendizagem: instrumentos de análise". *In*: _____. *A prática educativa*. Porto Alegre: Artmed, 1998, p. 27-52.

ZAGORSKI, Paul. *Democracy vs. national security: civil-military relations in Latin America*. Boulder: Lynne Rienner Publishers, 1992.

ZAVERUCHA, Jorge. *Rumor de sabres: controle civil ou tutela militar*. São Paulo: Ática, 1994.

ZUIN, L. F. S.; ZUIN, P. B.; MANRIQUE, M. A. D. A comunicação dialógica como fator determinante para os processos de ensino-aprendizagem que ocorrem na capacitação rural: um estudo de caso em um órgão público de extensão localizado no interior do Estado de São Paulo. *Ciência Rural*, v. 42, 2011, p. 1-6.

ZYLBERSZTAJN, A. Resolução de problemas, uma perspectiva Kuhniana. *In*: ENCONTRO DE PESQUISA EM ENSINO DE FÍSICA. VI, *Atas eletrônicas...* Florianópolis, 1998, p. 153-163.

SOBRE OS AUTORES

CLAUDIO ROMUALDO é mantenedor do Grupo Ciebe e avaliador institucional *ad hoc* do MEC.

EMÍLIA FREITAS DE LIMA tem experiência de ensino e pesquisa em Educação, com ênfase em Processos de Ensino e Aprendizagem, atuando principalmente com: inter/multiculturalidade; currículo em ação; formação de professores; e professor iniciante.

HUMBERTO LOURENÇÃO é editor-chefe da Revista *Defesa e Segurança* (RDS); Research fellow at National Defense University (NDU) e pesquisador do arquivo "Ana Lagôa" de Política Militar (UFSCar).

JULYETTE PRISCILA REDLING é especialista em Matemática (UFSJ-MG).

LAURA NOEMI CHALUH é pesquisadora do Grupo de Estudos e Pesquisas Linguagens Experiência Formação (CNPq).

LUIZ FERNANDO ZUIN tem projetos relacionados ao desenvolvimento de uma metodologia de comunicação dialógica. É bolsista produtividade do CNPq em Desenvolvimento Tecnológico e Extensão Inovadora.

MARIA IOLANDA MONTEIRO é professora da UFSCar, do curso de Licenciatura em Pedagogia e do Programa de Pós-Graduação em Educação.

MATEUS JOSÉ RODRIGUES PARANHOS DA COSTA é coordenador do Grupo de Estudos e Pesquisas em Etologia e Ecologia Animal (Grupo ETCO), e pesquisador nível II do CNPq.

POLIANA BRUNO ZUIN é professora e pesquisadora na Unidade de Atendimento à Criança (UFSCar). Sua temática de estudo é letramento e processos de ensino e aprendizado.

VIVIAN BONANI DE SOUZA GIROTTI desenvolve pesquisas na área de Psicologia e Educação.

Esta obra foi composta em CTcP
Capa: Supremo 250g – Miolo: Pólen Soft 80g
Impressão e acabamento
Gráfica e Editora Santuário